RAD
VERGNÜGEN

MECKLENBURGISCHE SEENPLATTE

21 ¹/₂ TAGESTOUREN
FEIERABEND-RIDES
WOCHENEND-BIKEAWAYS

EINFACH RAUS!

SVEN HÄHLE

Geboren in Karl-Marx-Stadt, steht in seinem Ausweis. Doch der Autor lebt seit 20 Jahren in Oberbayern. Über seine Wahlheimat schrieb der studierte Ingenieur und langjährige Outdoor-Trainer das Buch „Radvergnügen Chiemgau & Rupertiwinkel". Mit dem Osten Deutschlands ist Sven eng verbunden. So verfasste er auch die KOMPASS-Wanderführer „Mecklenburgische Seenplatte" und „Erzgebirge" – der Band „Mittelsachsen" ist bereits in Arbeit.

Liebe Leserin, lieber Leser,

1.111 wäre kreativ, aber irgendwer hat 1.117 gezählt. Seichte Sumpf- und Moorgewässer wie der Specker See (Wochenend-Bikeaway 19), tiefe Rinnenseen wie der Schmale Luzin (Tagestour 17), verzweigte Wasserflächen wie der Krakower See (Feierabend-Ride 3) und Hunderte kleinerer Seen: Sie alle bilden die Mecklenburgische Seenplatte. Ein See mehr oder weniger – egal!

Fakt ist: Die Mecklenburgische Seenplatte ist das größte geschlossene Seengebiet Europas. Es entstand während der letzten Eiszeit vor etwa 12.000 Jahren. Gletscher, die ihr Nährgebiet in Skandinavien hatten, transportierten Gesteine, Sand und Lehm und „bauten" daraus ein abwechslungsreiches Hügelland: die Endmoränenlandschaft. Die höchsten Erhebungen bilden heute die Mecklenburgische Schweiz. Abschmelzendes Eis blieb in den Senken zurück: Seen, Sümpfe und Moore entstanden. Schmelzwasser-Ströme schwemmten Sand aus den Moränen und lagerten ihn davor ab: Die ebenen Sander schließen sich südlich an die Endmoränenlandschaft an.

Die eiszeitliche Landschaft erstreckt sich bis ins nördliche Brandenburg. Auch unsere Radtouren sind grenzenlos. Wir erleben Großartiges im Müritz-Nationalpark und sechs Naturparks. Neben berühmten Sehenswürdigkeiten entdecken wir etliche Geheimnisse. Wir finden die besten Plätze zum Entspannen, Einkaufen und Einkehren.

Mein Tipp: Zeit lassen! Die Feierabend-Rides eignen sich auch als Tagestouren, vor allem für Familien mit Kindern. Und Tagestouren lassen sich leicht auf zwei Tage aufteilen.

100 % Radvergnügen wünscht

INHALT

ALLES AUF
EINEN BLICK

TOUREN

DESTINATION- UND RADBASICS

DEINE ORIENTIERUNG

APP & GPX-DOWNLOAD

Alle Touren in der KOMPASS App! Wir erklären dir, wie es geht: Einfach QR-Code scannen, oder Seite über den Link aufrufen, der Anleitung folgen und los geht's!

https://link.kompass.de/ukby7

GPX-Tracks zum Download:
Für das Navigationsgerät deiner Wahl haben wir alle Touren auch als GPX-Track auf unserer Homepage.

https://link.kompass.de/1ypmg

FEIERABEND-RIDES

RAUF AUFS RAD ZUM RUNTERKOMMEN

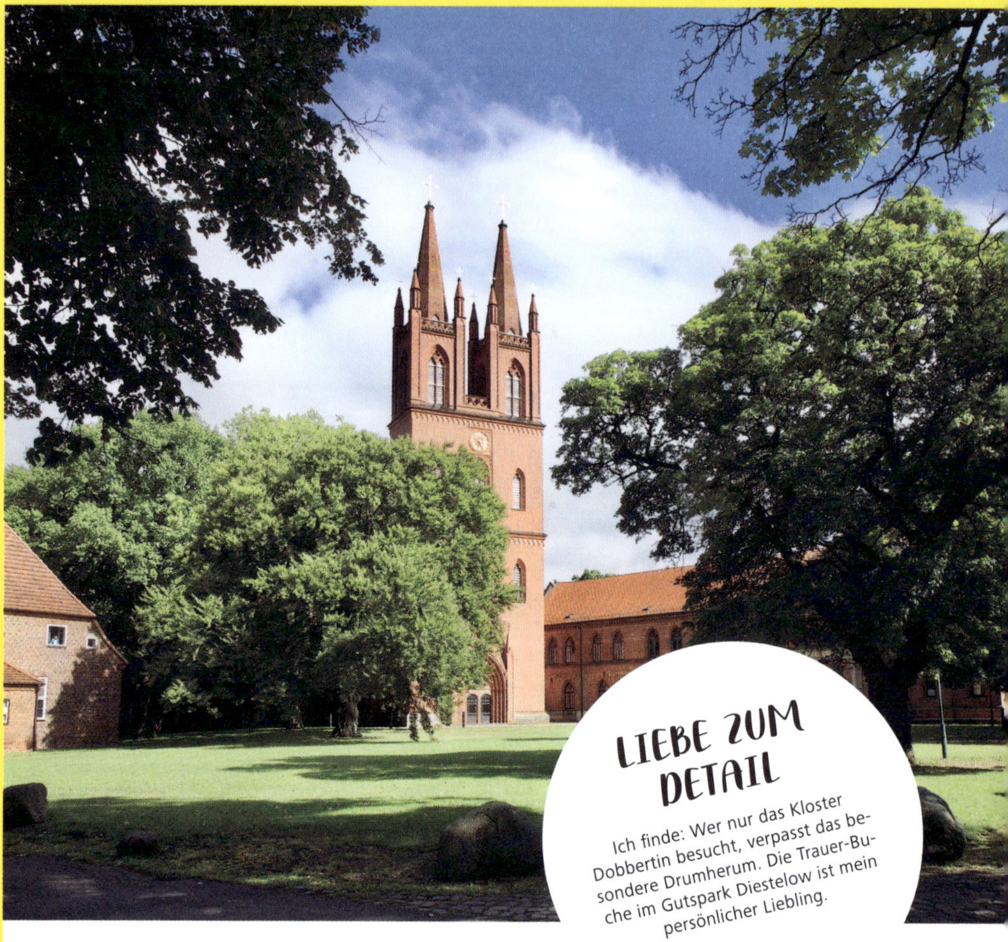

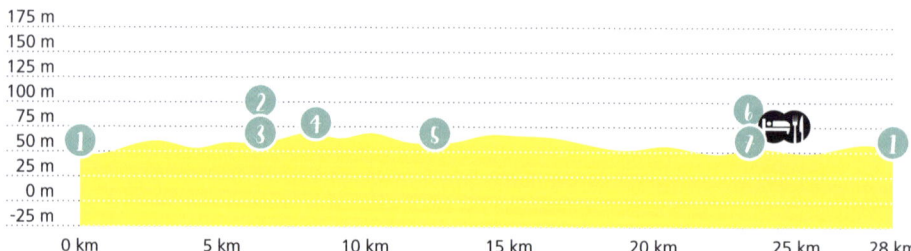

LIEBE ZUM DETAIL

Ich finde: Wer nur das Kloster Dobbertin besucht, verpasst das besondere Drumherum. Die Trauer-Buche im Gutspark Diestelow ist mein persönlicher Liebling.

➤ **1 /** Vorm Start am Naturmuseum Goldberg die E-Bike-Akkus aufladen

➤ **2 /** Sich im Gutspark Diestelow unter der großen Trauer-Buche verstecken

➤ **3 /** Die Schönheit der frühgotischen Dorfkirche Unter Brüz bestaunen

➤ **4 /** Im Gutspark Grambow zu zweit eine dicke Schwarzkiefer umarmen

➤ **5 /** Aus der Kranichbeobachtungshütte Schneckenschöpfwerk herauslugen

➤ **6 /** Eine Seerundfahrt auf dem Dobbertiner See machen – nur tagsüber

➤ **7 /** Das eindrucksvolle Kloster Dobbertin erkunden und am See relaxen

GÖTTLICHE LANDPARTIE

Schleichwege von Goldberg zum Kloster Dobbertin

Malerisch liegt das prächtige Kloster am Dobbertiner See. Die über 800 Jahre alte Anlage bietet sich für eine meditative Pause an. Doch zuvor erkundest du das Goldberger Land mit einigen weniger bekannten Sehenswürdigkeiten.

E-Bike-Ladestation am Parkplatz

Am 1 / Naturmuseum Goldberg gibt es einen kostenfreien Parkplatz und eine E-Bike-Ladestation. Das Museum (ganzjährig Mi-So 11-16 Uhr, im Sommer auch länger geöffnet) besitzt eine Sammlung archäologischer Fundstücke, welche die über 10.000-jährige Besiedlung der Region beweisen. Außerdem sind historische Exponate aus Goldberg und dem Kloster Dobbertin ausgestellt. Neben der 1730 erbauten Wassermühle, in der das Museum eingerichtet ist, gibt es einen kleinen Bauerngarten mit Streuobstwiese, wo du nach der Radtour prima relaxen kannst.

28 Kilometer
135 Höhenmeter
2:**00** Stunden
Rundtour

CHARAKTER
Sportlich ●○○○○
Abkühlung ●●○○○
Schlemmen ●○○○○
Panorama ●●●○○

TOURENINFO / Einige Kilometer der Tour verlaufen neben vielbefahrenen Straßen, es gibt jedoch fast immer Radwege. Wir radeln größtenteils auf Asphalt, es gibt nur wenige Steigungen. Ein paar einfache Bademöglichkeiten sind vorhanden.

◄ **links / Kloster Dobbertin zählt zu den bedeutendsten klösterlichen Anlagen in Mecklenburg-Vorpommern**

Rauf aufs Rad, raus aufs Land

Zum Start überqueren wir die Mildenitz und folgen der Radweg-Beschilderung geradeaus in die Parkstraße. An deren Ende geht's rechts in die Schulstraße und gleich wieder links, so dass du am Sportplatz entlangfährst. Dann biegst du rechts ab und folgst der Werderstraße zur Langen Straße / B 192. Nach rechts kämst du zur Stadtmitte, fährst jedoch nach links stadtauswärts. An der großen Kreuzung von B 192 und B 392 radeln wir geradeaus Richtung Tankstelle und strampeln bergan bis zum Ortsausgangsschild Goldberg, wo der Radweg neben der Straße L 17 beginnt. Bis Diestelow ist er nur in Medow kurz unterbrochen.

Durchs alte Gutsdorf Diestelow

In Diestelow macht die Straße L 17 eine Rechtskurve. Hier biegst du links in die Lindenallee ein und folgst damit der Radweg-Beschilderung R 17 Richtung „Plau am See 24 km / Woosten 3,0 km". Nur ein kleines Stück, dann zweigst du rechts ab in die Straße der Genossenschaft (Sportplatz). Nachdem du einen Großteil der landwirtschaftlichen Gebäude passiert hast, zweigt rechts der Rundweg um den Diestelower See ab (Fußweg). Nur wenige Meter weiter endet der Asphalt und du erreichst den 2 / Gutspark Diestelow. Eine Infotafel erzählt die Geschichte der ehemaligen Gutsanlage und ihres Parks, in dem bewundernswerte Bäume wachsen. Besonders beeindruckend ist die riesige Trauer-Buche, eine Zierform der Rotbuche. Was für ein Abenteuer-Versteck!

BADEPLATZ DER EINHEIMISCHEN

Wenn du dem beschilderten Rundweg um den Diestelower See folgst, kommst du zu einem kleinen Badeplatz, den vorwiegend Einheimische nutzen.

Zur Dorfkirche von Unter Brüz

Die unbefestigte Fahrstraße führt am Rande des Gutsparks entlang nach Unter Brüz. Versäume auf keinen Fall den Besuch der frühgotischen 3 / Dorfkirche Unter Brüz, sofern das Gotteshaus geöffnet ist. Das Langhaus der Kirche ist nur aus Feldsteinen gemauert und besitzt zu beiden Seiten zwei gestaffelte romanische Fenstergruppen. Spitzbogenblenden deuten auf den Übergang von der Romanik zur Gotik hin. Im Inneren des Kirchenschiffs fallen die Holzbalkendecke sowie der spitzbogige Triumphbogen auf, der das Langhaus als Gemeinderaum vom beinah quadratischen Chorraum trennt.

➤ rechts oben / Der Gutspark Diestelow ist nicht nur im Frühling schön

KM 6,3

Der verbliebene 2 / Gutspark Dieste-
low lässt die Schönheit der ehemaligen
Anlage erahnen. Ursprünglich ein
Barockgarten, wurde der Gutspark um
1840/1850 zu einem Landschaftspark
nach englischem Vorbil umgestaltet.
Zwischen 15. und 18. Jh. war das Gut
Diestelow im Besitz des Herzoghauses
Mecklenburg.

DIE ALTE SCHULE

Neben der 3 / Dorfkirche Unter Brüz ist die alte Schule sehenswert, in der die Kinder umliegender Dörfer von etwa 1900 bis 1965 unterrichtet wurden.

Westwärts bis nach Grambow

Für die Weiterfahrt folgst du dem Radweg T 29 Richtung Grambow. Auf schmalem Asphaltsträßchen geht's bis zur bekannten Straße L 17 (Stoppschild) und gerade hinweg. In Grambow findest du eine Infotafel zum 4 / Gutspark Grambow. Hier wachsen ein paar bemerkenswerte Bäume, darunter eine Schwarzkiefer mit einem Stammumfang von beinah 5 m. Im Gutspark gibt es eine Bühne – jedes Jahr im Sommer findet ein musikalisches Parkfest statt.

Eine Allee aus Kirschbäumen

Gleich hinter der Infotafel folgst du der Einbahnstraße Am Park rechts bergan, hältst dich beim Briefkasten geradeaus und bleibst auf dem mit Betonsteinen befestigten Sträßchen. Beim Schild „abbiegende Hauptstraße" fährst du nach rechts in die Speicherstraße. Der Radweg T 29 verlässt Grambow – du radelst über weites Land. Beim Graffiti-verzierten Silo folgen wir dem Radweg T 29 geradeaus (Stoppschild). Die folgende Kirschbaumallee ist besonders im

Frühling eine Augenweide, wenn die Bäume strahlendweiß blühen. Später im Jahr warten die leckeren Früchte auf Naschkatzen. Durch beschauliche Landschaft kommst du nach Langenhagen. Vorbei am Abzweig zum „Naturruhewald", wo Menschen ihre letzte Ruhestätte finden können, rollst du in den Ort hinein.

Zwei Vogel-Beobachtungsplätze

Die 5 / Kranichbeobachtungshütte Schneckenschöpfwerk am herrlichen Langenhagener See kannst du dank Beschilderung nicht übersehen. Der Zugang zum Beobachtungsstand erfolgt von hinten. Bitte öffne Tür und Sichtluken leise, um die Vögel nicht zu stören! Während Kraniche normalerweise nur im Frühjahr und Herbst Gäste sind, halten sich Bekassinen, Enten, Teichhühner und Wasserrallen das ganze Jahr über am Langenhagener See auf. Ein zweiter Beobachtungsstand ist ebenfalls beschildert – du erreichst ihn nach 1,3 km Strecke entlang der Seewiesen. Nachdem du dich auch hier umgesehen hast, geht's aus dem Ort hinaus zur Bundesstraße B 392 und auf ihr nach rechts (Radweg T 29: „Zidderich 3,0 km"). Fahre bitte vorsichtig bis zum Abzweig nach Zidderich, von wo eine schmale Straße schnurgerade zum Ort hinüberzieht.

175.000

Kraniche ziehen jedes Jahr durch Mecklenburg-Vorpommern, meint Günter Nowald, Leiter des Nabu-Kranichzentrums in Groß Mohrdorf (Landkreis Vorpommern-Rügen). Sie rasten zumeist zwischen Mitte März und Anfang April sowie von September bis Ende Oktober.

◄ links / Schneeweiß: Blühende Kirschbäume zwischen Grambow und Langenhagen ▲ oben / Idyllisch: Rund um den Langenhagener See dürfen sich auch die Rinder wohlfühlen

Einfach dahinradeln bis Dobbertin

In Zidderich rollst du halbrechts in die Parkstraße. Hinterm Bushäuschen beim kleinen Spielplatz folgst du dem Radweg T 29 nach links.
Am Ende der Hauptstraße biegst du rechts ab Richtung Below. Unmittelbar vor einer Stromleitung vertraust du der Beschilderung des
Radwegs T 29: Du fährst nach rechts und bergan. Am Vorfahrtsschild hältst du dich erneut rechts Richtung „Dobbertin 3 km" und
überquerst sofort einen stillgelegten Teil der Eisenbahnstrecke Ka-
row-Wismar. Bis Dobbertin bleibst du auf der Straße K 124.

Ein prächtiges Kloster mit Park

KM 18,8

Die Eisenbahnstrecke Ka-
row-Wismar wird zwischen
Karow und Borkow für Fahrten mit Fahrrad-Draisinen
genutzt. Auf so ein Vehikel
passen bis zu vier Leute.
Tages-, Mittags- und Abend-
fahrten starten und enden
immer in Karow. / www.
draisine-mecklenburg.de

Kaum in Dobbertin angekommen, gibt es linker Hand einen kleinen Hofladen. Kurz darauf, noch vor der Brücke über die Mildenitz, biegst du rechts ab in die Straße An der Mühle und folgst
dem Schild „Zur Seerundfahrt". Am 6 / Abzweig zur Seerundfahrt
(Rundfahrten nur tagsüber, Dauer 90 min, www.ms-condor.de)
führt unser Weiterweg hinterm Insel-Hotel in den Klosterpark. Zum
7 / Kloster Dobbertin folgst du dem Seeufer. So kommst du auch
am kleinen Badestrand vorbei, aber plane genügend Zeit für eine
entspannte Pause auf dem Klostergelände ein. Zur Geschichte der
Anlage hat das Diakoniewerk Kloster Dobbertin viel Wissenswertes
zusammengetragen: www.kloster-dobbertin.de.

Endspurt: Zurück nach Goldberg

Nach der Pause am Kloster folgst du beim großen Parkplatz der Zu-
fahrtstraße und fährst rechts am Friedhof vorbei zur B 192. Nimm
den Radweg R 17 Richtung „Goldberg 3,8 km", er verläuft neben
der Bundesstraße. Vorm Aldi biegst du links ab in den Müllerweg
und kehrst zum 1 / Naturmuseum Goldberg zurück.

Lüschow

Mildenitz

Jasenitz

Naturpark Nossentiner/Schwinzer Heide

Dobbertin

⑥

⑦

K 135

Dobbertiner See

Mildenitz

Mildenitz

B 192

Goldberger See

START-ZIEL

①

B 192

Goldberg

MECKLENBURG

ger Medower

Langenhagen

⑤

gener iesen angenhagener See

L 17

L 17

Diestelow

②

Grambow

④

③

Unter Brüz

2 km

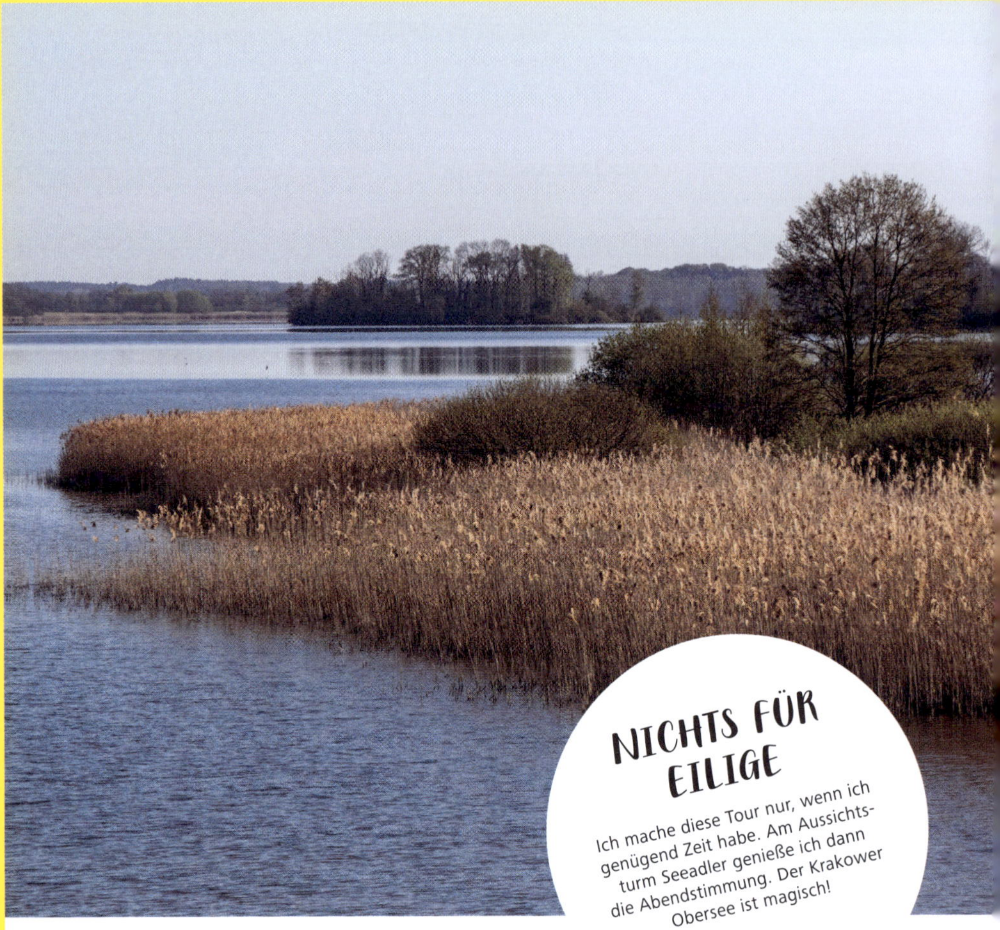

NICHTS FÜR EILIGE

Ich mache diese Tour nur, wenn ich genügend Zeit habe. Am Aussichtsturm Seeadler genieße ich dann die Abendstimmung. Der Krakower Obersee ist magisch!

➤ **1 /** Am Bahnhof Karow aufs Rad steigen und losfahren

➤ **2 /** Schloss und Schlosspark Karow in Augenschein nehmen

➤ **3 /** Die Anziehungskraft der Kirche Groß Poserin spüren

➤ **4 /** Im Park Neu Poserin mit Gutshaus Rhododendren bestaunen

➤ **5 /** Blick auf das große Moor – vom Aussichtsturm Rothirsch

➤ **6 /** Im kleinen Park Sandhof wachsen viele exotische Baumarten

➤ **7 /** 1A-Aussicht: Aussichtsturm Seeadler am Krakower Obersee

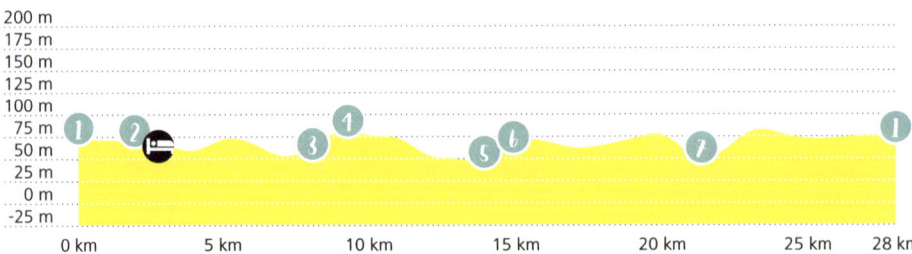

200 m
175 m
150 m
125 m
100 m
75 m
50 m
25 m
0 m
-25 m
1
2
3
4
5
6
7
1
0 km
5 km
10 km
15 km
20 km
25 km
28 km

NATÜRLICH VIEL RUHE

Reizvolle Moore, Seen und Wälder bei Karow

Die Mecklenburgische Seenplatte bietet Naturliebhabern zahlreiche Ziele. Kaum bekannt ist das Schutzgebiet Großer und Kleiner Serrahn zwischen Goldberg und Karow, in dem sich ein 450 ha großes Moor erstreckt. Ein weiteres Highlight dieser Tour ist der herrliche Krakower Obersee.

28 Kilometer
145 Höhenmeter
2:00 Stunden
Rundtour

Beachte die Gegebenheiten!
Die touristische Infrastruktur rund um Karow ist schwach. Auf der Rundfahrt gibt es keine Gaststätten und Einkaufsmöglichkeiten – E-Bike-Ladestationen erst recht nicht! Nimm etwas zu Essen mit und denke an ausreichend Getränke, ganz besonders im Sommer! Wir fahren zwei Aussichtstürme an, von denen sich sehr gut Vögel beobachten lassen. Nützlich ist ein Fernglas. Letzter Hinweis: Diese Radtour ist die einzige im Buch, die keine Bademöglichkeiten bietet!

CHARAKTER

Sportlich ●●○○○
Abkühlung ●○○○○
Schlemmen ○○○○○
Panorama ●●●○○

TOURENINFO / Eine bequeme Rundfahrt auf allerlei Untergründen. Weil auch sandige Passagen und ein kurzes Stück Katzenkopfpflaster befahren werden, ist die Tour etwas sportlicher als solche, auf denen Asphalt überwiegt. Beachte unbedingt die Hinweise im ersten Textabsatz!

◄ **links / Ein herrlicher Natursee: Der Krakower Obersee ist ein wertvolles Naturschutzgebiet**

Vom Bahnhof zum Schloss Karow

Die Runde beginnt am desolaten 1 / Bahnhof Karow, einst ein wichtiger Bahnknotenpunkt. In Karow kreuzen sich die Strecken Neustrelitz-Parchim und Güstrow-Meyenburg, außerdem führt eine Bahnstrecke von Karow nach Wismar. 2023 fand nur freitags, samstags, sonntags und feiertags Zugverkehr statt (von/nach Hagenow, Plau am See, Waren). Beim Stellwerk nördlich des Bahnhofsplatzes nutzen wir den beschrankten Bahnübergang und beachten neben dem historischen Wasserturm die kleine Dorfkirche, die im Kern spätromanische Züge aufweist. Schnurgerade geht's durch den Ort Karow. Einen Kilometer ab Start siehst du eine alte Eiche, vor der ein Denkmal steht. Hier biegst du links ab Richtung Karower Meiler, Schloss und Park. Nach Überqueren der B 192 fährst du bereits am Rande des Karower Schlossparks entlang. Bei einer Infotafel „Naturparkregion" triffst du auf ein asphaltiertes Sträßchen und folgst dem Radweg R 17 nach rechts.

WAS BEDEUTET SERRAHN?
Auf die alte Bezeichnung Serrahn für den Oberlauf oder das Freigerinne einer Wassermühle treffen wir in Mecklenburg öfters. Im Slawischen bedeutet Serrahn auch Aalfang.

Erster Stopp: Schloss und Schlosspark Karow

Die offizielle Zufahrt zum 2 / Schloss und Schlosspark Karow kannst du nicht übersehen. Das riesige Herrenhaus, das heute als Hotel genutzt wird, besteht aus zwei Teilen. Das Alte Schloss ist ein breiter, zweigeschossiger, klassizistischer Bau, der unter dem preußischen Kammerherrn Otto Conrad von Hahn im späten 18. Jh. anstelle eines Vorgängerbaus errichtet wurde. Das Neue Schloss ließ der Berliner Großkaufmann Johannes Schlutius in den Jahren 1906/1907 anbauen; die Entwürfe lieferte der Berliner Architekt und Hofbaumeister des Kaisers Wilhelm II., Ernst Eberhard von Ihne. Schlutius erwarb das gesamte Gut Karow im Jahre 1898 und ließ auch den prächtigen Gutshof erbauen, der als groß angelegte Rinderzuchtanlage bis heute im Eigentum der Familie Schlutius ist.

➢ **rechts oben / Auch das ist Natur: Die Sonne hinter den alten Bäumen an der Kirche Groß Poserin**

KM 8,0

Die 3 / Kirche Groß Poserin entstand zwischen 13. und 14. Jh. und ist eine für die Region typische Feldsteinkirche. Die Steine in den Mauern sind teilweise bis zu einem Meter dick, die Wände des Turms sogar 1,50 m. Innen ist das Gotteshaus schlicht. Beachtenswert ist die Holztonnendecke nach französischem Vorbild.

RUHELIEGE

Eine bequeme Ruheliege steht beim 5 / Aussichtsturm Rothirsch. Wenn du Glück hast, ist sie nicht belegt. Vom Turm genießt du den Ausblick aufs NSG Großer und Kleiner Serrahn.

Via Klein Wangelin nach Groß Poserin

An der riesigen Anlage fährst du gleich vorüber – zuvor radelst du jedoch vor dem Gebäude des Modellbahnclubs am Sportplatz entlang und biegst links ab. Hinterm Gutshof überquerst du die Bahnstrecke Neustrelitz-Parchim und rollst west- sowie talwärts. Nach der Mildenitz-Niederung zweigt der Radweg R 17 bei einer Schranke rechts in einen Hohlweg ab. Du folgst der Beschilderung nach Klein Wangelin und dort der schmalen Ortstraße. Fast am Ende des Ortes fährst du geradeaus Richtung „Kirche Groß Poserin 1,5 km". Vorbei am Groß Poseriner See mit einem kleinen Rastplatz erreichen wir die 3 / Kirche Groß Poserin, wo es nebenan auch einen Rastplatz gibt (Wanderer-Rasthütte).

Über Neu Poserin zum Naturschutzgebiet

Von Alt Poserin radeln wir nach Neu Poserin. Der 4 / Park Neu Poserin mit Gutshaus bietet sich für die nächste Pause an. Während sich das Gutshaus in baufälligem Zustand befindet, wird der etwa zwei Hektar große Park noch gepflegt. Besonders schön ist er, wenn die

Rhododendren blühen. Vom Gutshaus radelst du die Zufahrtsallee entlang, dann hältst du dich beim Ortsausgangsschild links. Kurz vor der B 192 nimmst du den von einer weiß-roten Schranke abgesperrten Waldweg nach rechts, damit du nicht auf der Bundesstraße fahren musst. Bei Klein Poserin überquerst du die B 192 und folgst den Radwegschildern Richtung Dobbertin und Sandhof. Am Wanderparkplatz in Sandhof ist der 5 / Aussichtsturm Rothirsch ausgeschildert. Vom Turm überblickst du einen Großteil des Naturschutzgebietes Großer und Kleiner Serrahn. Aus einem verlandeten See entstand das Moor mit bis zu acht Meter mächtigen Muddeschichten. Mit einem Fernglas kannst du möglicherweise Wasser- und Greifvögel beobachten.

Wald, Wald und noch mehr Wald

Nach dem Abstecher zum Aussichtsturm strampelst du weiter durch den Ort Sandhof. Am nördlichen Ortsende entdeckst du den 6 / Park Sandhof. Nachdem du die selteneren Gehölze begutachtet hast, radelst du nun lange Zeit durch typische Kiefern- und Mischwälder: Folge beim großen Naturpark-Schild „Nossentiner/Schwinzer Heide" der Radweg-Beschilderung Richtung Wooster Teerofen.

KM 14,9

Im kleinen, aber feinen 6 / Park Sandhof wachsen mehr als 40 Baum- sowie zahlreiche Straucharten. Besonderheiten sind zum Beispiel eine Blumenesche und eine Scharlacheiche. Der Park ist täglich von 9 bis 18 Uhr geöffnet, Eintritt frei.

◄ links / Der Aussichtsturm Rothirsch am Naturschutzgebiet Großer und Kleiner Serrahn ▲ oben / Der Krakower Obersee ist Lebens- und Rastplatz für eine Vielzahl von Wasservögeln

Tipp: Wooster Teerofen ist Ausgangspunkt für eine Rundwande-rung um den Langhagensee und den Paschensee (KOMPASS-Wan-derführer „Mecklenburgische Seenplatte", Tour 46). Am nordöst-lichen Siedlungsrand, wo sich rechts der Parkplatz befindet, radelst du auf breitem, sandigem Forstweg geradeaus. Linker Hand ist mi-litärischer Sperrbereich. Wenn du die Infotafel zur Wüstung Grüner Jäger erreicht hast, bist du gut durchgekommen.

Vom Grünen Jäger zum Seeadler

Beim Grünen Jäger geht's rechts. Folge der Radweg-Beschilderung „Malchow 17,1 km / Glave 5,1 km". Ein hübscher Waldweg führt dich etwa 1,5 km in östliche bis südöstliche Richtung. Den bei einer Schranke nach rechts abzweigenden Naturparkweg (Wanderweg) ignorieren wir; gleich dahinter triffst du auf die Bahnstrecke Güst-row-Meyenburg, überquerst sie und folgst der alten Panzerstraße. Auf den Betonplatten holperst du bis zur Straße L 37, überquerst sie und orientierst dich an einem Holzschild „Aussichtsturm". Das sehr holprige Katzenkopfpflaster macht wenig Freude, doch zur Be-lohnung erreichst du bald den beschilderten Abzweig zum 7 / Aus-sichtsturm Seeadler am Krakower Obersee. Vom Turm genießt du einen herrlichen Ausblick, und mit etwas Glück kannst du seltene Wasservögel beobachten. Die Lehrtafeln im Aussichtsturm helfen bei der Bestimmung der Tiere.

Ein leichter Rückweg nach Karow

Auf bekannter Pflasterstrecke geht's zurück zur Straße L 37. Biege links ab und folge der Straße L 37 bis zum 1 / Bahnhof Karow. Dabei kommst du noch einmal an einem Teerofen vorbei, einem einsamen Anwesen nördlich von Karow.

KM 21,3

Eldorado für Ornithologen: Vom 7 / Aussichtsturm See-adler überblickst du einen Teil des wunderschönen Krakower Obersees. Er bildet den südlichen, stark verlandeten Teil des Kra-kower Sees und ist bereits seit über 100 Jahren Natur-schutzgebiet.

START / ZIEL

Bahnhof Karow

HINKOMMEN

Auto / Bahnhof Karow, Am Bahnhof 1, 19395 Plau am See (OT Karow) **ÖPNV /** Bahnhof Karow: gelegentlich Zugverbindungen (siehe Text) sowie unregelmäßig Busse ab/zum Bahnhofsplatz

➤ 1 / Bahnhof Karow **➤ 2 /** Schloss und Schlosspark Karow **➤ 3 /** Kirche Groß Poserin **➤ 4 /** Park Neu Poserin mit Gutshaus **➤ 5 /** Aussichtsturm Rothirsch **➤ 6 /** Park Sandhof **➤ 7 /** Aussichtsturm Seeadler

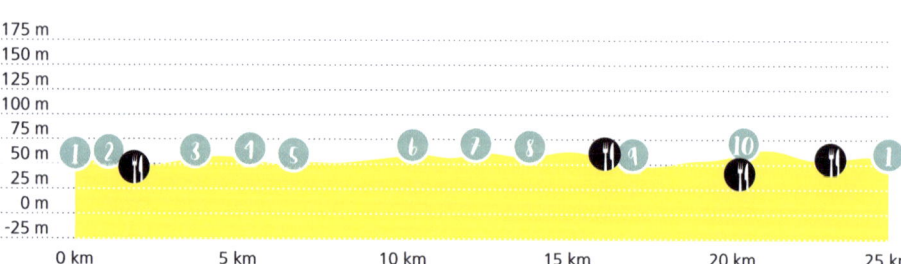

FISCHSEMMEL ODER STERNE-MENÜ?

Manchmal esse ich einen leckeren Räucherfisch vom Hüdenhus, ein anderes Mal gönne ich mir das 4-Gänge-Menü im „Haus am See". Verhungern wird auf dieser Tour niemand!

➤ **1 /** Am Parkplatz Möwenweg, Krakow am See aufs Rad steigen

➤ **2 /** Den Marktplatz Krakow am See mit Stadtkirche erkunden

➤ **3 /** Am Abzweig zur Insel Schwerin zu Fuß zur Badestelle gehen

➤ **4 /** Die Badestelle Borgwall für eine weitere Abkühlung nutzen

➤ **5 /** Ausblick auf den Krakower Obersee: Aussichtsturm Rohrsänger

➤ **6 /** Sieh dir die eindrucksvolle Schlossruine Dobbin in Ruhe an

➤ **7 /** An der dicken Schäferbuche innehalten und ein wenig meditieren

➤ **8 /** Bei Reuters Paradiesgartenblick am alten Melkstand pausieren

➤ **9 /** Auf dem Badesteg am Kleinen Serrahner See in der Sonne relaxen

➤ **10 /** Auf der Rastbank bei Reuters Seeblick platznehmen und ruhen

KRAKOWER SEEFAHRT

Eine interessante Entdecker-tour mit Badepausen

Mit einer Fläche von etwa 15 km² ist der Krakower See einer der größten der Seenplatte. Landschaftlich ist er äußerst vielfältig. Auf dieser reizvollen Runde lernst du ein paar besonders schöne Uferabschnitte kennen, aber auch Sehenswürdigkeiten abseits des Wassers.

Vor der Tour ist nach der Tour

Wir beginnen diese Fahrradpartie am 1 / Parkplatz Möwenweg, Krakow am See. Dieser befindet sich unweit der historischen Badeanstalt und der Halbinsel Lehmwerder mit dem unübersehbaren Aussichtsturm auf dem Jochberg. Nach deiner Radtour solltest du den Aufstieg nicht versäumen – vom Turm bietet sich ein fantastischer Ausblick auf den Krakower See und seine Umgebung. Eine längere Wanderung findest du im KOMPASS-Wanderführer „Mecklenburgische Seenplatte" (Tour 45). Doch jetzt wird geradelt!

25 Kilometer
110 Höhenmeter
1:45 Stunden
Rundtour

CHARAKTER

Sportlich ●○○○○
Abkühlung ●●●●●
Schlemmen ●●●●●
Panorama ●●●○○

TOURENINFO / Eine leichte Rundfahrt, zumeist auf befestigten Wegen. Der schmale Weg am Krakower Obersee kann nach Regenfällen etwas matschig sein. Einkehrmöglichkeiten gibt's in Krakow und unterwegs, Badestellen wie Sand am Meer. Wer die Tour als Tagestour macht, genießt sie voll und ganz.

◄ links / Blick auf einen Teil des Krakower Sees vom Aussichtsturm auf dem Jochberg

An der Seepromenade zum Marktplatz

Vom Parkplatz fährst du in die „Zone 30". Am See angekommen, folgst du dem Radweg nach rechts Richtung „Markt". Achtung, Fußweg und Radweg sind entlang der Seepromenade getrennt! Nach dem Fischereihof Dat Hüdenhus – hier gibt es leckeren Räucherfisch – sowie dem Steakhaus biegen wir rechts in die Kleine Wasserstraße ein und fahren durch die Schulstraße zum 2 / Marktplatz Krakow am See mit Stadtkirche. Der Schlenker lohnt sich: Bürgerhäuser aus dem 18. und 19. Jh., das 1875 im neogotischen Stil erbaute Rathaus mit Amtsgericht und die alte Stadtkirche bilden ein denkmalgeschütztes Gebäudeensemble. Die Kirche ist ein Backsteinbau aus dem 13. Jh., sie wurde jedoch nach Stadtbränden im 17. und 18. Jh. mehrfach umgestaltet. Aus der Frühgotik stammt noch die Wandgestaltung des Chorraumes, anderswo ist der Übergang von der Romanik zu Gotik erkennbar. Wunderschön ist der Altaraufbau, außerdem fallen die Wappen verschiedener Adelsfamilien an der Nordwand auf.

E-BIKE-LADESTATION

Der hübsche Rast- und Spielplatz Am Mümmelbruch am Ortsrand von Dobbin, etwa 10 km ab Tourbeginn, besitzt eine E-Bike-Ladestation.

Dem Seeufer nach zur Halbinsel Schwerin

Nachdem du dich am Markt umgesehen hast, radelst du bei der Stadtkirche in die Kirchenstraße und folgst ihr bis zum Seehotel. Hier biegst du rechts in die Goetheallee ab. Nach dem Gelände des Anglervereins fährst du links in den Vierowweg. Durch das schattige Bornbruch kommst du zur Badestelle „Alte Leipziger". Dem Seeuferweg weiter entlang folgt nach etwa 900 m die Badestelle Franzosenbad. Nochmals 700 m sind es bis zum 3 / Abzweig zur Insel Schwerin, auf der sich die dritte Badestelle befindet.

Über Borgwall an den Krakower Obersee

Auf breitem Fahrweg geht's nun in südöstliche Richtung – anfangs auf Schotter, später auf Asphalt. Gegen Ende der Siedlung Am

➤ rechts oben / An der schönen Badestelle auf der Insel Schwerin geht's oft ruhig zu

KM 3,7

Auf der Insel Schwerin gibt es eine sehr
schöne Badestelle, wo Einheimische mit
und ohne Badekleidung schwimmen.
Vom 3 / Abzweig zur Insel Schwerin
geht man beim Rastplatz durch ein
Metalltor und folgt dem Pfad nach
links entlang des Weidezauns. Einziges
Manko: Auch die Mücken fühlen sich
hier wohl.

ÜBERNACH- TUNGSTIPP

In Sichtweite der 6 / Schlossruine Dobbin steht das historische Inspektorenhaus. Es bietet Übernachtungen mit Frühstück. / www.inspektoren- haus-dobbin.de

Borgwall, bei den Hausnummern 50-66, zweigst du links ab zur hier beschilderten Badestelle. Damit ist die hübsche 4 / Badestelle Borgwall gemeint. Vertraue bei der Feriensiedlung Kiefernhain dem nächsten Schild. Ab dem Badeplatz radelst du weiter in Ufernähe bis zu einer breiten Straße. Du biegst links ab und überquerst auf einem Damm den Fluss Nebel. Er bildet die Verbindung zwischen dem Krakower Untersee, an dem wir bislang waren, und dem Krakower Obersee, an den wir nun kommen. Kurz vorm Straßenabzweig nach Neu Dobbin zweigst du rechts zum beschilderten 5 / Aussichtsturm Rohrsänger ab.

Spuren der Niederländer in Mecklenburg
Vom Aussichtsturm folgst du mehr als einen Kilometer dem Ufer des Krakower Obersees, bevor der Weg ostwärts schwenkt und sich vom See entfernt. Vor Dobbin triffst du bei einigen Teichen auf die Glaver Straße und folgst ihr nach links. Vom gepflegten Rast- und Spielplatz Am Mümmelbruch ist es nicht weit zur 6 / Schlossruine Dobbin (von der Glaver Straße nach rechts abbiegen in den Park-

weg). Das villenartige Herrenhaus hat eine interessante Geschichte: Das niederländische Königshaus ließ das „Kavalierhaus" um 1905 für seine Gäste errichten. 1936 kam es in den Besitz des Ölmagnaten Sir Henry Deterding, der als Hauptaktionär des Shell-Konzerns seinerzeit einer der reichsten Männer der Welt war. Seit Mitte der 1990er Jahre ist das Herrenhaus dem Verfall preisgegeben, nunmehr ist es als Schlossruine bekannt.

Die dickste Buche in Meck-Pomm

In einem Bogen rollst du zum makellos sanierten Inspektorenhaus, biegst links ab und verlässt den kleinen Kreisverkehr bei erster Gelegenheit. Eine Allee führt dich zur Straße von Krakow nach Linstow, die du sogleich überquerst. Folge den Radweg-Schildern Richtung Krakow am See und Neu Dobbin. Nach wenigen Metern geht's links in den Ziegeleiweg; auf Betonplatten strampelst du zur majestätischen 7 / Schäferbuche.

Zum Aussichtsturm und zur nächsten Badestelle

Der Betonplattenweg geht in ein Asphaltsträßchen über. An einer Kreuzung biegst du rechts ab (Radweg-Schild: „Krakow am See

8

Meter Stammumfang besitzt die über 200 Jahre alte 7 / Schäferbuche. Damit ist sie die stärkste Buche im Bundesland Mecklenburg-Vorpommern. Das beeindruckende Naturdenkmal ist längst zum Wahrzeichen geworden, doch leider wird der Baum nicht mehr lange leben.

◄ **links / Unterwegs zwischen der Insel Schwerin und der Badestelle Borgwall** ▲ **oben / Die Schäferbuche ist die dickste Buche in Mecklenburg-Vorpommern**

13,0 km / Serrahn 4,5 km"). Wunderbare alte Feldbäume säumen die Strecke bis 8 / Reuters Paradiesgartenblick am alten Melkstand. Vom Aussichtsturm überblickst du die Feld- und Wiesenlandschaft. Danach radelst du leicht bergan. Am Vorfahrtsschild vertraust du der Beschilderung „Krakow am See 11,6 km / Serrahn 3,0 km". Hinter Neu-Zietlitz kann man einen Abstecher zu einem Badestrand am Krakower Untersee machen, allerdings ist er knapp einen Kilometer entfernt. Dagegen befindet sich der 9 / Badesteg am Kleinen Serrahner See direkt an unserer Route. Zuvor passieren wir noch das Gelände des Golf- und Tennisclubs Serrahn (Einkehrmöglichkeit: Restaurant Martinus im Golf-Hotel Van der Valk).

KM 18,3

Zwischen Serrahn und Kuchelmiß durchfließt die Nebel eine eiszeitliche Endmoräne. Das Nebeldurchbruchstal mit steilen Wänden und Flussgeröllen erinnert an Gebirgstäler. Es ist ein wertvolles Naturschutzgebiet, das sich am besten zu Fuß erkunden lässt.

Von Serrahn zurück nach Krakow

In Serrahn fährst du an der „abbiegenden Hauptstraße" geradeaus und schenkst hoffentlich der Dorfkirche Beachtung. Sie stammt aus der zweiten Hälfte des 13. Jh., im Inneren sind Wandmalereien aus dem 14. Jh. erhalten. Kurz hinter Serrahn befindet sich beim Radwegweiser ein kleiner Parkplatz. Hier beginnt eine entzückende Wanderung durch das Nebeldurchbruchstal (KOMPASS-Wanderführer „Mecklenburgische Seenplatte", Tour 43). Wir radeln jedoch zurück nach Krakow – laut Schild haben wir noch 7,8 km vor uns. Beachte den Findling vor der Brücke! Nach der Brücke hältst du dich links und strampelst bergan bis 10 / Reuters Seeblick, wo es eine große Rastbank gibt. Folge der Radweg-Beschilderung. Durch ein Wäldchen rollst du zum Seegrube-Ausbau, wo das Gourmet-Restaurant „Ich weiß ein Haus am See" zur Einkehr einlädt. Danach passierst du die Siedlung Windfang und nutzt die Straßenradwege nach Krakow.

TOUR 3

START / ZIEL
Parkplatz Möwenweg, Krakow am See

HINKOMMEN
Auto / Möwenweg, 18292 Krakow am See **ÖPNV /** Bushaltestelle Krakow am See/Güstrower Chausee: Bus 250 (mit Fahrrad-Transport) von/nach Güstrow, Bus 251 von/nach Langhagen-Schule

➤ **1 /** Parkplatz Möwenweg, Krakow am See ➤ **2 /** Marktplatz Krakow am See mit Stadtkirche ➤ **3 /** Abzweig zur Insel Schwerin ➤ **4 /** Badestelle Borgwall ➤ **5 /** Aussichtsturm Rohrsänger ➤ **6 /** Schlossruine Dobbin ➤ **7 /** Schäferbuche ➤ **8 /** Reuters Paradiesgartenblick am alten Melkstand (Aussichtsturm) ➤ **9 /** Badesteg am Kleinen Serrahner See ➤ **10 /** Reuters Seeblick

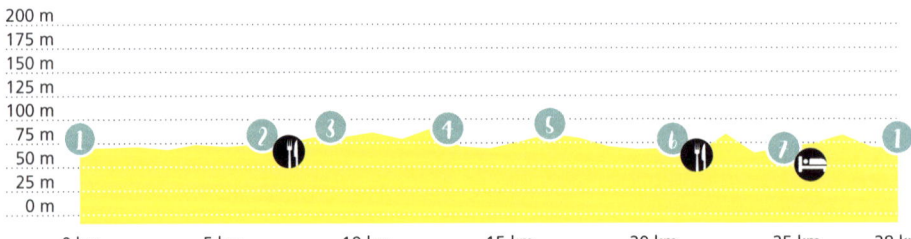

ICH BIN NEUGIERIG!

Und ich liebe verwunschene Orte, wo ich meiner Neugier freien Lauf lassen kann. Tu's mir gleich und suche die verborgenen Schätze im Park Blücherhof!

➤ **1** / Am Parkplatz an der Kirche Jabel über Fritz Reuter sinnieren

➤ **2** / Im Tiererlebnispark Müritz Esel, Schafe und Ziegen füttern

➤ **3** / In der Dorfkirche Sommerstorf wertvolle Schnitzfiguren bewundern

➤ **4** / Die einzigartige Walnussallee in Sophienhof hinunterbrausen

➤ **5** / Den riesigen Blücherhof erkunden und Dornröschen aufwecken

➤ **6** / Badestelle am Bergsee: Anhalten und ins kühle Nass springen

➤ **7** / In der Scheune am Loppiner See kannst du länger Urlaub machen

200 m
175 m
150 m
125 m
100 m
75 m
50 m
25 m
0 m

0 km   5 km   10 km   15 km   20 km   25 km   28 km

WO IST DORNRÖSCHEN?

*Von Jabel zum wundersamen
Schloss Blücherhof*

Es ist der Charme des Morbiden, dem man sich schwer entziehen kann. Sollte Dornröschen in Meck-Pomm schlafen, dann muss sein Bett im Schloss Blücherhof stehen. Zur faszinierenden Gutsanlage gehört ein wertvoller Park mit seltenen Gehölzen, der leider nicht mehr gepflegt ist.

28 Kilometer
165 Höhenmeter
2:00 Stunden
Rundtour

„Aus meiner Volontariatszeit"

Der 1 / Parkplatz an der Kirche Jabel befindet sich wenige Meter abseits der Hauptstraße durch den Ort. Das neogotische Gotteshaus mit seinem wuchtigen Backsteinturm steht anstelle eines Vorgängerbaus, der im Dreißigjährigen Krieg zerstört wurde; die Turmuntergeschosse und die von einem Kreuzrippengewölbe überspannte Sakristei stammen von der alten Kirche. Auf dem Friedhof befindet sich das Grab des Küsters Heinrich Suhr, dem der Schriftsteller Fritz Reuter

CHARAKTER

Sportlich ●●○○○
Abkühlung ●●●○○
Schlemmen ●○○○○
Panorama ●●○○○

TOURENINFO / Ein guter Mix aus Straßenradwegen, wenig befahrenen Nebenstraßen, Feld- und Waldwegen. Letztere sind teilweise sandig und etwas ausgefahren, an solchen Stellen kann das Radfahren leicht anstrengend sein. Das gilt auch für die wenigen Pflasterstraßen. Badesachen nicht vergessen!

◄ **links / Beeindruckend: Ein kleiner Teil der Gebäude des Guts Blücherhof**

mit dem Roman „Ut mine Stromtid" ein literarisches Denkmal setzte (hochdeutsch: „Aus meiner Volontariatszeit"). Suhr stand Pate für „Enspektor Onkel Bräsig", eine Paradefigur im Roman. Mehr über Jabel und Fritz Reuter erfährst du auf den Infotafeln vor Ort.

Von Jabel zum Tiererlebnispark

Wir biegen nach rechts in die Hauptstraße ein, fahren am Wirtshaus zur Eibe vorüber und verlassen Jabel gen Warendorf. Etwa einen Kilometer nach Start biegst du vor der Villa Heidi links ab, überwindest den kurzen Anstieg zum Bahnübergang und radelst nordwärts.

Ignoriere den Abzweig nach Loppin und biege dann an der Waldecke vor dem Schild „LKW-Durchfahrt verboten" rechts ab. Eine lange, gerade Strecke führt dich nordostwärts, später fährst du unter der Hochspannungsleitung entlang. Beim ersten Außenposten von Grabowhöfe entfernst du dich von der Stromtrasse und folgst dem Asphaltsträßchen in den eigentlichen Ort. Hier kannst du den 2 / Tiererlebnispark Müritz (www.tiererlebnispark-mueritz.de) besuchen. In dem kleinen Tierpark leben heimische und exotische Tiere; die Anlage wird allgemein gelobt und nicht nur für Kinder empfohlen. Der Tierpark-Chef bietet auch „Safaris" ins Umland an.

ONKEL BRÄSIG

Die Fernsehserie wurde 1978 bis 1980 nach Fritz Reuters Roman „Ut mine Stromtid" in Schleswig-Holstein gedreht. Die DDR war für das westdeutsche Kamerateam tabu.

Etwas Geholper bis Sommerstorf

Vom Tiererlebnispark folgen wir dem Radwegweiser „Sommerstorf 2,3 km / Ulrichshusen 10,3 km". Die Pflasterstraße nach Norden ist eine kleine Herausforderung, doch bald folgt Asphalt. Schon aus einiger Entfernung erblickst du die 3 / Dorfkirche Sommerstorf. Der gotische Backsteinbau auf Feldsteinsockel entstand um 1300, Turm und südliche Vorhalle wurden wahrscheinlich Anfang des 15. Jh. errichtet. Im Inneren fällt der barocke Kanzelaltar aus dem späten 18.

➤ **rechts oben / Dornröschens Altersdomizil: Das märchenhafte Schloss Blücherhof**

KM 16,3

Das Schloss 5 / Blücherhof wurde 1791 erbaut und Anfang des 20. Jh. im Stil des Neobarocks umgestaltet. Heute gehört es der surrealistischen Künstlerin Duquessa Dr. h.c. Rothraud-Liselotte de Meindorfer, kurz: Rosalia. Im verwunschene Dornröschenpark wachsen botanische Raritäten aller Kontinente.

Jh. auf. Er ist mit 13 geschnitzten Figuren geschmückt: Christus und dessen zwölf Apostel. Die wertvollen Figuren stammen von einem älteren Altar aus der Zeit um 1500. Sommerstorf ist Geburtsort von Johann Heinrich Voß: Eine Gedenktafel vor der Kirche erinnert an den Dichter und Übersetzer.

Von Sommerstorf zum Blücherhof

Folge nun der Straße nach Louisenfeld und Sophienhof. Schnell lässt du Louisenfeld hinter dir. Bei einem Buswartehäuschen geht's rechts ab nach Sophienhof. Durch den verträumten Ort rollst du auf Kopfsteinpflaster abwärts. Aufgepasst: Kurz bevor der Asphalt beginnt, folgst du einem Hinweisschild „Walnussallee und Flacher See", biegst also rechts ab! Du radelst ein kurzes Stück entlang der Mauer des alten Gutshofs und zweigst bei einem zweiten Hinweisschild „Waldnussallee und Flacher See" scharflinks ab. Nachdem wir die unersetzliche 4 / Walnussallee hinabgeradelt sind, folgen wir dem sandigen Weg geradeaus. Kastanien begleiten uns zum Flachen See. Wenn das Tor zur kleinen Badestelle geöffnet ist, sollte

eine Badepause möglich sein. Kurz darauf geht's auf Asphalt entlang der Eisenbahnstrecke Neustrelitz-Warnemünde. Am Ortseingang Lütgendorf vertraust du dem Radwegweiser nach Blücherhof. Am Ortsende beginnt ein Straßenradweg. Das riesige Gut 5 / Blücherhof kannst du nicht übersehen. Schließ dein Rad an, geh zu Fuß und wecke Dornröschen aus seinem Schlaf!

Der Blücherhof – ein echtes Unikat

Der Blücherhof entstand auf rund 1.000 Hektar Landbesitz. Verschiedene Adelsfamilien schufen ein außergewöhnliches Ensemble aus Pförtner- und Wirtschaftshaus, Speicher, Marstall, Ackerpferdestall und Taubenhaus. Etwas zurückversetzt steht das märchenhafte Schloss. Der Naturforscher, Zoologe und Hobby-Baumforscher Prof. Alexander König spielte eine besondere Rolle in der Geschichte des Gutes: Der Erbauer der Villa Hammerschmidt in Bonn erweiterte den Blücherhof um das weitläufige Gelände, in dem er seine Sammlung von Gehölzen aus aller Welt präsentierte. Leider wird der einmalige dendrologische Park nicht mehr gepflegt. Ein Parkspaziergang birgt die Gefahr herabfallender Äste – Vorsicht bei starkem Wind! Das Schild am Tor hinterm Schloss, auf dem von einer „Eintrittsgebühr"

KM 20,3

Stärkung in Sicht: Gegenüber der Informationstafeln in Alt Gaarz gibt es einen Getränkeverkauf mit Imbiss. Im kleinen Gastgarten kannst du dich mit einer Bockwurst stärken oder ein Eis lutschen. Öffnungszeiten: Di-So 10-13 und 15-20 Uhr.

◄ **links / Ein kurzer Stopp, dann rollen wir die Walnussalle hinab**
▲ **oben / Die schöne Badestelle am Bergsee lädt zu einem Sprung ins kühle Nass ein**

die Rede ist, scheint ein Relikt vergangener Tage zu sein. Auf jeden Fall bist du hier auf eigene Gefahr unterwegs!

Via Alt Gaarz an den Loppiner See

Vom Blücherhof radelst du auf bekannter Strecke zurück nach Lütgendorf und dort gerade über die Eisenbahn hinweg nach Alt Gaarz. Hier hältst du dich nach den landwirtschaftlichen Anlagen links und beachtest den beschilderten Zugang zum Park. Bei den Glas- und Altkleider-Containern fährst du rechts, beim Getränkeverkauf und Imbiss folgst du dann dem Wegweiser Richtung Jabel. Hinterm Sportplatz geht's rechts – auch hier gibt's einen Radwegweiser: „Jabel 6,5 km". Von der 6 / Badestelle am Bergsee nimmst du den breiten, sandigen Weg, der bald in etwas Abstand zum Ostufer des Bergesees südwärts strebt. An einer X-Kreuzung radelst du geradeaus, dann nutzt du den Naturpark-Hauptwanderweg. Wo er den Wald verlässt, befindet sich linker Hand das Großsteingrab Loppin, das der jungsteinzeitlichen Trichterbecherkultur zugeordnet wird. Der Grabhügel ist 19 m lang und 8 m breit. Dem Waldrand entlang rollst du schließlich in südöstliche Richtung bis Loppin. Ein Wegweiser führt dich zum Feriendomizil 7 / Scheune am Loppiner See (www.scheune-am-loppiner-see.de). Die Badestege sind den Feriengästen vorbehalten.

4,75 M

Stammumfang besitzt die alte Eibe im Garten des Pastorats Jabel. Der kurze Weg zu diesem besonderen Naturdenkmal ist vom 1 / Parkplatz an der Kirche Jabel ausgeschildert. Bitte beachte auch die zwei herrlichen Winterlinden im Pastoratsgarten.

Entspannt zurück nach Jabel

Über die Scheunenzufahrt kommen wir zur Ortsmitte. Die „Klönbank" unter der großen Linde lädt zum Platz nehmen ein, bevor wir Loppin verlassen. Die Straße Am Wallberg führt uns zum Jugendwaldheim, das günstige Übernachtungen für Gruppen bietet. Ab da radelst du auf unbefestigtem Weg durch den Wald, in dem es zahlreiche Stationen für Naturforscher gibt. Schließlich triffst du auf eine Straße und folgst dem Straßenradweg nach links, bis du am 1 / Parkplatz an der Kirche Jabel ankommst.

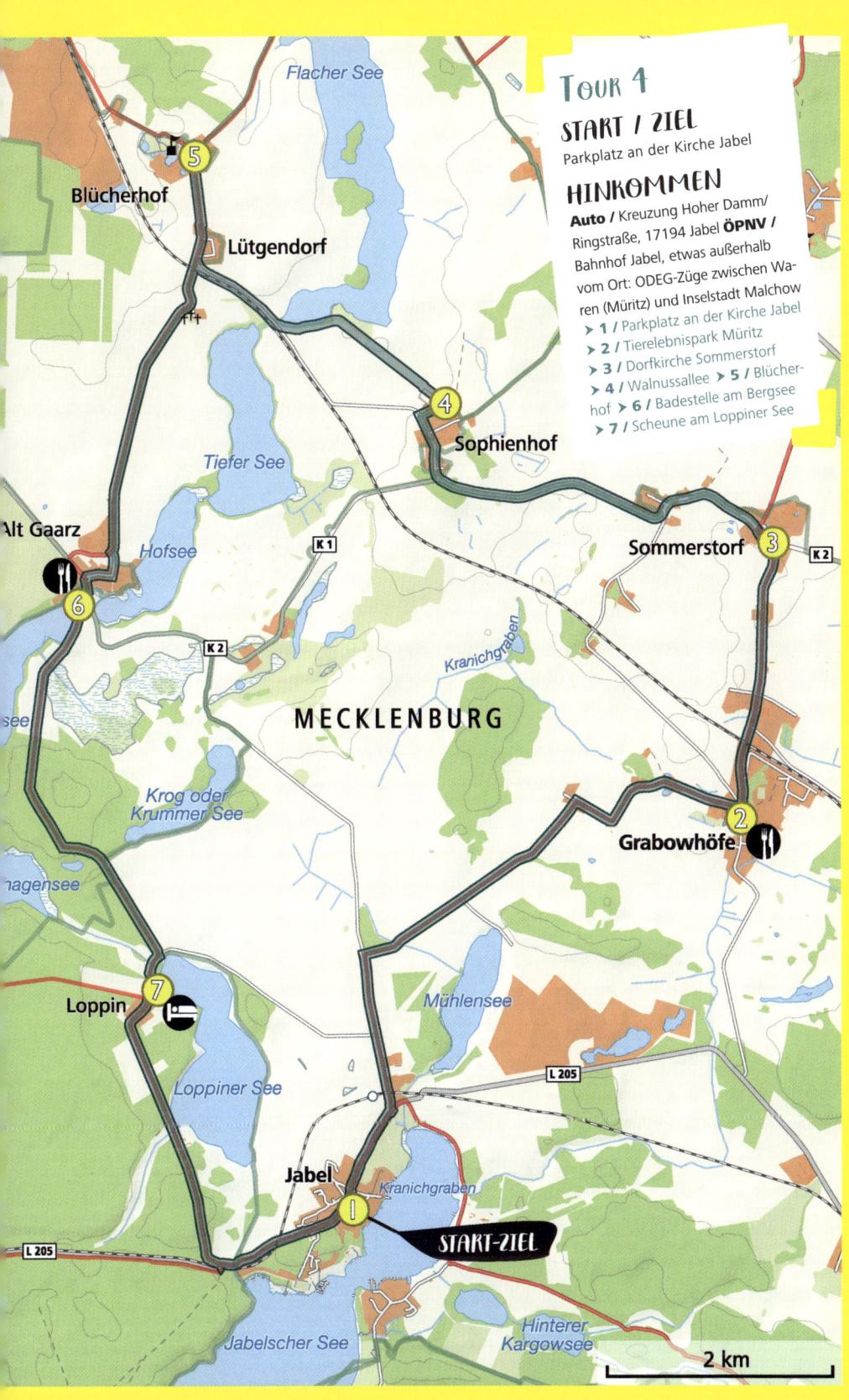

Flacher See

Blücherhof

Lütgendorf

Tiefer See

Alt Gaarz

Hofsee

Sophienhof

Sommerstorf

K1

K2

K2

Kranichgraben

MECKLENBURG

Krog oder
Krummer See

Grabowhöfe

hagensee

Loppin

Mühlensee

L 205

Loppiner See

Jabel

Kranichgraben

START-ZIEL

L 205

Jabelscher See

Hinterer
Kargowsee

2 km

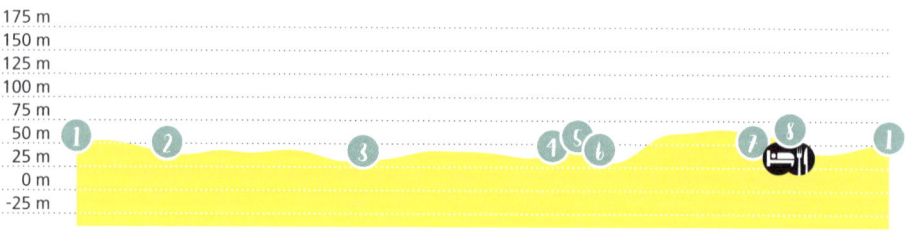

ZEIT LASSEN!

Für diese Zeitreise solltest du dir viel Zeit lassen, dann wirst du eine Menge entdecken. Ich mache sie sogar als Tagestour mit längerer Badepause!

➤ **1 /** In Torgelow über das moderne Internatsgymnasium staunen

➤ **2 /** Den kaum bekannten Gutspark Groß Gievitz zu Fuß erkunden

➤ **3 /** Stopp am Aussichtsturm und Badestelle am Großen Varchentiner See

➤ **4 /** Die hübsche Kirche Varchentin verlangt eine genauere Betrachtung

➤ **5 /** Das riesige Varchentiner Schloss ausgiebig in Augenschein nehmen

➤ **6 /** An der Badestelle am Kleinen Varchentiner See Abkühlung finden

➤ **7 /** Im Restaurant von Sabines Biobauernhof Hofprodukte schlemmen

➤ **8 /** Die Dorfkirche Schloen besichtigen, sofern sie offen ist

AUSSER DER ZEIT

*Eine Zeitreise zwischen
Torgelow und Varchentin*

**Während der Tour vom schicken Internats-
gymnasium Schloss Torgelow zum Varchentiner Schloss reisen wir vom modernen
Mecklenburg zurück ins 19. Jahrhundert.
Dass wir ein bisschen Wildnis durchqueren,
macht dieses Abenteuer vollends spannend.**

27 Kilometer
141 Höhenmeter
2:00 Stunden
Rundtour

Parkmöglichkeiten in Torgelow

Wenn du mit dem Auto nach 1 / Torgelow kommst,
biegst du von der Dorfstraße in die Hofstraße ein
und folgst der Beschilderung „Anlieferung Mensa".
Wo die Badestelle ausgeschildert ist, gibt es Parkmöglichkeiten – außerdem in
der Eichenallee, die an dieser
Stelle vom See wegführt. Beim
Wegweiser zur Badestelle
startet auch unsere Radtour:
Wir nehmen den Weg über
das Gelände des Internatsgymnasiums Torgelow.

CHARAKTER

Sportlich ●●●○○
Abkühlung ●●●●○
Schlemmen ●●○○○
Panorama ●●●●○

TOURENINFO / Ein Großteil der Tour verläuft auf gut be-
fahrbaren Nebenstraßen, Feld- und Wiesenwegen. Nur ein
Abschnitt ist abenteuerlich und erfordert etwas Kraft sowie
gutes Orientierungsvermögen. Dank mehrerer Bademöglichkeiten ist die Tour auch für Kinder geeignet, dann aber als
Halbtages- oder Tagestour.

◄ **links / Das mustergültig sanierte Schloss Torgelow
gehört zum Internatsgymnasium**

Torgelow gestern und heute

Bereits im 13. Jh. soll es in Torgelow eine Burg gegeben haben. Sie soll auf einem Hügel gestanden haben, der sich heute auf dem Gelände des Internatsgymnasiums Schloss Torgelow befindet. Im Jahre 1994 wurde die Eliteschule als erstes privates Internatsgymnasium auf dem Gebiet der ehemaligen DDR eingeweiht. Neben dem mustergültig sanierten Schloss, das 1904 erbaut wurde, besitzt die Privatschule etliche moderne Gebäude. Höchstens zwölf Schülerinnen und Schüler lernen in den Klassen; für Schulbesuch und Internat sind pro Jahr 40.000 Euro und mehr fällig.

ABSTECHER ZUR FUCHSEICHE

Die Vosseik ist über 400 Jahre alt und hat einem Stammumfang von rund 8,50 m. Sie wächst auf einer Waldlichtung etwa 400 m östlich der Ziegelei Groß Gievitz.

Am Torgelower Seeufer nach Groß Gievitz

Von der Aussichtsterrasse des Internatsgymnasiums blickst du auf den Torgelower See, dann folgst du dem Seeuferweg nach Groß Gievietz. Am Ortsrand passierst du große Stallungen und biegst bei der alten Eiche am gelben Gebäude rechts ab (Wanderwegweiser „Bewohnte Landschaft"). Du überquerst die Ostpeene, die hier ein unscheinbarer Bach ist, und zweigst hinter der Kirche rechts ab. Radle wenige Meter bis zum Feuerwehrhaus, schließe dein Fahrrad an und spaziere durch den 2 / Gutspark Groß Gievitz – es lohnt sich! Von der Infotafel beim kleinen Rastplatz nimmst du den teils markierten Weg, der bei der weiß-roten Schranke beginnt. Der Parkweg führt an einem Seitenarm der Ostpeene und dann an der Ostpeene selbst zum Holzsteg am Torgelower See. Schade, dass hier Baden verboten ist.

Zum Baden an den Großen Varchentiner See

Doch in etwa 20 Minuten erreichst du eine wunderschöne Badestelle. Fahre zunächst zurück zur Kirche Groß Gievitz und folge dort der Radweg-Beschilderung Richtung Waren. Sogleich radelst du

> ➤ **rechts oben / Majestät lässt bitten: Wer wird Schloss Varchentin jemals sanieren?**

KM 16,8

Das riesige 5 / Varchentiner Schloss
mit unregelmäßigem Grundriss und
unterschiedlich hohen Gebäudeteilen
entwarf der Hamburger Architekt
Auguste de Meuron in Anlehnung an
Formen englischer und venezianischer
Gotik (Tudor-Stil). Es wurde 1847
erbaut. Bauherr war der Hamburger
Kaufmann Gottlieb Jenisch.

TORF ODER DORF?

Die Silbe „torf" in Ortsnamen kann auf Torfabbau hindeuten, aber auch eine alte Schreibweise von „dorf" sein. Auf jeden Fall ist sie kein Schreibfehler.

geradeaus Richtung Hungerstorf. Auf grobem Katzenkopfpflaster wirst du durchschüttelt. An einer Verzweigung sind die Fuchseiche und die Ziegelei ausgeschildert – unser Weiterweg ist jedoch der mittlere Weg, der von stattlichen Bäumen gesäumt wird und an einem einsamen Anwesen vorbeizieht. Schon von weitem erblickst du einen Findling, der die Grenze zur Gemarkung Hungerstorf markiert. Auf Asphalt rollst du in den Ort hinein und strampelst beim Bushäuschen geradeaus. 3 / Aussichtsturm und Badestelle am Großen Varchentiner See befinden sich kurz vorm Ortseingang Claustorf. Gönn dir eine ausgiebige Pause! Anschließend geht's zurück nach Hungerstorf und an der Bushaltestelle nach links Richtung Sorgenlos – ja, so heißt tatsächlich das kleine Dorf!

Ein Abenteuer für Körper, Geist und Seele

Das macht uns Mut für einen anspruchsvollen Wegabschnitt, für den du etwas Kraft und gutes Orientierungsvermögen brauchst. Belohnt wirst du mit herrlicher Natur. Wo die Straße nach Sorgenlos eine Linkskurve macht, biegst du gegenüber einer Ausweichstelle

nach links in einen Feldweg ein. Du holperst auf den Wald zu und in den Wald hinein. Auf einer Wiese ist der Weg kaum erkennbar, vor allem, wenn sie nicht gemäht ist. Nachdem du diese Wiese in östliche bis südöstliche Richtung überquert hast, entdeckst du einen Steinhaufen, folgst dem Pfad nebenan und erreichst einen eindeutigeren Weg. Rechter Hand glitzert das Wasser eines kleinen, namenlosen Sees; linker Hand liegt der Große Varchentiner See versteckt hinter üppigem Grün. Hier ist's wirklich idyllisch! Nachdem du einen Bach überquert hast, wird der Weg breiter. Du passierst ein abgeschiedenes Wohnhaus und fährst auf dem Zufahrtsweg weiter. Nach Querung eines Bootskanals radelst du die herrliche Kastanienallee zur 4 / Kirche Varchentin.

Das Schloss und der Lennépark Varchentin

Von der Kirche ist es ein Katzensprung zum 5 / Varchentiner Schloss. Du fährst an der Radweg-Infotafel vorüber und biegst rechts ab in die Straße Am Lennépark. Wenn du dein Bike an der Straßenecke Am Lennépark 8/9 anschließt, kannst du in den ehemaligen Schlosspark spazieren. Diesen Landschaftspark ließ der Schlossherr, der Hamburger Kaufmann Gottlieb Jenisch, nach Plänen von Peter Joseph Lenné anlegen. Beeindruckend sind die Sichtachsen vom

1250

Um 1250 enstand die 4 / Kirche Varchentin, der hölzerne Turm wurde 1815 angefügt. Bei Renovierungsarbeiten im Jahr 2002 wurden wertvolle Wandermalereien freigelegt. Die 1850 erbaute Orgel ist das größte Instrument des Hamburger Meisters Johann Gottlieb Wolfsteller.

◄ links / Der Steg am Torgelower See im Gutspark Groß Gievitz
▲ oben / Aussichsturm und Badestelle am Großen Varchentiner See

DER VERSTECKTE BOOTSSTEG

Beim Bootssteg am Südufer des Torgelower Sees genießt du einen schönen Ausblick auf den See. Leider darf der Steg selbst nicht betreten werden.

Herrenhaus zum Großen Varchentiner See und umgekehrt, doch leider wird der Park genauso wenig gepflegt wie das übergroße Schloss. Im Gegensatz zum Schloss Torgelow erlitt Varchentin dasselbe Schicksal wie viele mecklenburgische Herrenhäuser: Es wurde von einem Investor gekauft, der es sanieren und zu einer Hotelanlage umbauen wollte. Das Projekt wurde aufgegeben, seitdem ist Schloss Varchentin dem Verfall preisgegeben.

Eine Erfrischung und eine gute Mahlzeit

Am Platz vor dem Schloss setzen wir unsere Tour fort. Wir radeln auf den alten Schornstein zu und biegen zuvor rechts in einen Weg ein, der mit einer Schranke für Motorverkehr gesperrt ist. Wir passieren das Mausoleum und kommen zur 6 / Badestelle am Kleinen Varchentiner See. Nach einer Erfrischung strampeln wir auf dem geschotterten Radwanderweg zur asphaltierten Kreisstraße von Sorgenlos nach Deven. An der Kreisstraße folgst du nicht den Radweg-Schildern nach rechts, sondern biegst links ab! In Deven hältst du dich rechts Richtung Alt-Schloen. Für eine Einkehr bietet sich 7 / Sabines Bio-Bauernhof an (www.sabines-bauernhof.de). Im Restaurant werden Hofprodukte serviert, übernachten kann man in Ferienwohnungen, Appartements und Doppelzimmern.

Das bequeme Finale

Den Weiterweg zur 8 / Dorfkirche Schloen findest du sicher ohne Beschreibung – folge einfach der Straße. Der hübsche Backsteinbau geht im Kern auf das 13. Jh. zurück. Bei der Radweg-Infotafel am Eingangstor zur Dorfkirche folgen wir der rechten Straße („50 km/h – 12 t"). Wir rollen an der südlichen Verlandungszone des Torgelower Sees westwärts. Wo links der Wanderweg Richtung Neu-Schloen abzweigt, geht's rechts zu einem Bootssteg. Am folgenden Vorfahrtsschild zweigst du rechts ab. Laut Wegweiser sind es nur noch 1,9 km bis 1 / Torgelow.

KM 9,7

Wer den abenteuerlichsten und anstrengendsten Teil der Tour zwischen Hungerstorf und Varchentin umgehen will, radelt ab 3 / Aussichtsturm und Badestelle am Großen Varchentiner See zur B 194, folgt ihr etwa 2,4 km südwärts und biegt rechts ab nach Varchentin.

OUR 5

TART / ZIEL

gang zur Badestelle am Torgelower See
Torgelow

INKOMMEN

uto / Kreuzung Eichenallee/Am Seeufer,
7192 Torgelow **ÖPNV /** Kein ÖPNV!
er nächstgelegene Bahnhof ist Waren
Müritz), Entfernung etwa 9,5 km.

➤ **1 /** Torgelow ➤ **2 /** Gutspark Groß
Gievitz ➤ **3 /** Aussichtsturm und Badestelle
am Großen Varchentiner See ➤ **4 /** Kirche
Varchentin ➤ **5 /** Varchentiner Schloss
➤ **6 /** Badestelle am Kleinen Varchentiner See
➤ **7 /** Sabines Biobauernhof
➤ **8 /** Dorfkirche Schloen

K 33

Hungerstorf

Clausdorf

③

Großer
Varchentiner
See

roß Gievitz

②

K 31

Varchentin

④

Kleiner
Varchentiner
See

⑤

Sorgenlos

⑥

Torgelower See

(Ostpeene)

Minenhof

Hofsee

Deven

①

START-ZIEL

gelow am
See

⑦

Am Bahnhof

B 194

Groß Plasten

⑧

Schloen

B 194

Klein Plastener
See

Neu Schloen

Klein Plasten

B 192

B 192

2 km

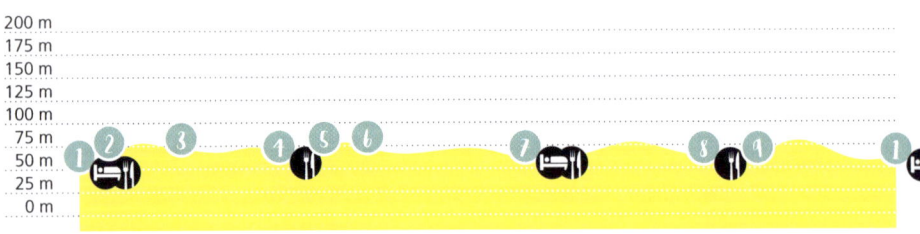

NATÜRLICH BADEN

Überfüllte Strände an der Müritz sind mir ein Graus! Ich liebe Waldseen irgendwo im Nirgendwo. Auf dieser Tour zeige ich dir ein paar tolle Badeplätze.

➤ **1 /** Am hübschen Marktplatz Wesenberg Zeit verbringen

➤ **2 /** Im Findlingsgarten Wesenberg die Zeugen der Eiszeit treffen

➤ **3 /** Am Rastplatz am Peetschsee mit Bademöglichkeit Pause machen

➤ **4 /** Im Bioladen und Bistro im Gusthof Seewalde schlemmen

➤ **5 /** Längere Badepause? Vielleicht an der Badestelle am Gobenowsee

➤ **6 /** Die Badestelle am Trünnensee für eine weitere Erfrischung nutzen

➤ **7 /** Hotel und Restaurant Zum Löwen: Blick auf die Bootsschleuse

➤ **8 /** Einen Räucherfisch am Fischereihof an der Hausbrücke verdrücken

➤ **9 /** Ländlichen Frieden in der hübschen Kirche Ahrensberg genießen

FINDLINGE UND FISCHE

Naturschätze zwischen Wesenberg und der Havel

Südlich von Wesenberg schuf die Havel eine herrliche Wasserlandschaft. Dazwischen liegen weitere Seen, die keine Verbindung zum Fluss haben. Das hat mit der Eiszeit zu tun. Wir entdecken ihre Spuren, stoppen an den besten Badeplätzen und kosten leckeren Fisch aus der Region.

Wesenberg ist sehenswert

Die ganze Altstadt von Wesenberg hat sich schick herausgeputzt, ohne ihre Ruhe und Beschaulichkeit einzubüßen. Nicht weit vom Nationalpark Müritz entfernt, kann man in Wesenberg dem großen Trubel entfliehen. An sehenswerten Häusern sind Infotafeln angebracht. Bemerkenswert ist die gotische Stadtkirche, die ab ungefähr 1300 errichtet wurde. Das Langhaus wurde Ende des 14. bis Anfang des 15. Jh. angebaut und besitzt ein Kreuzrippengewölbe; der Chor datiert auf Ende

31 Kilometer
203 Höhenmeter
2:30 Stunden
Rundtour

CHARAKTER

Sportlich ●●●●○
Abkühlung ●●●●●
Schlemmen ●●●●○
Panorama ●●●●○

TOURENINFO / Sandwege und Schotterpisten, holpriges Kopfsteinpflaster und vergleichsweise wenig Asphalt, dazu etwas Auf und Ab sowie ein steiler Anstieg: Diese Tour ist für mecklenburgische Verhältnisse anspruchsvoll. Sportliche Radler werden mit zahlreichen Bade- und mehreren Einkehrmöglichkeiten belohnt.

◄ **links / Am schönen Marktplatz von Wesenberg beginnt und endet unsere Rundfahrt**

des 15. Jh. und besitzt ein Sterngewölbe. Die Apostelfiguren an der Kanzel stammen aus dem späten 16. Jh., das arkadengeschmückte Chorgestühl ist mindestens 400 Jahre alt.

Vom Marktplatz zum Findlingsgarten

Den 1 / Marktplatz Wesenberg verlässt du durch die Mittelstraße und biegst am Vorfahrtsschild links ab in die Straße Vor dem Wendischen Tor. Folge dem Hauptstraßenverlauf und überquere die Bundesstraße. Hinter der Bushaltestelle Wesenberg Friedhof beginnt ein Straßenradweg, der bis zum ersten Stopp führt, dem 2 / Findlingsgarten Wesenberg. Findlinge sind große Steine, die während der Eiszeiten durch Gletscher transportiert wurden. Als das Eis schmolz, blieben sie in der Landschaft liegen. Im Findlingsgarten wurden verschiedene Steine zusammengestellt. Untersucht man ihre Zusammensetzung, wird zumeist ihr Ursprung klar. Etliche Findlinge in Mecklenburg-Vorpommern stammen aus dem heutigen Skandinavien, häufigste Gesteinsart ist der Granit.

PARADIESISCHER POMELSEE

Nur gucken, nicht baden: Etwa 1 km nach Abfahrt von der B 122, am Ende einer Wiese, führt ein Grasweg links zum Pomelsee mit zwei privaten Bootsstegen

Die erste Badepause steht an

Nachdem du die Zeugen der Eiszeit besucht hast, radelst du an der Straße weiter südwärts – es gibt nun keinen Radweg mehr. Nach ein paar Kurven zweigst du bei einem Rettungstreffpunkt rechts ab in einen sandigen Fahrweg (Schild „Bodenwellen 4 km"). Nach etwa 1,7 km triffst du auf einen Rastplatz im Wald, dort biegst du halblinks ab (ältere Wandermarkierung: Gelber Balken). Nach wenigen Metern kommst du zum 3 / Rastplatz am Peetschsee mit Bademöglichkeit.

Vom Peetschsee zum Gutshof Seewalde

Fahre weiter auf dem sandigen Weg; ein Rettungstreffpunkt beweist, dass du richtig bist. Durch lichten Wald, Wiesen- und Feldlandschaft erreichst du ein Asphaltsträßchen – an dieser Stelle be-

---

➤ **rechts oben / Beliebtes Ausflusgziel: Die idyllisch gelegene Fischerei am Haussee**

KM 24,1

Der 8 / Fischereihof an der Hausbrücke bietet Imbiss- und Fischverkauf
täglich 10-19 Uhr (Juni-August) bzw.
10-18 Uhr (April/Mai und September/
Oktober). Die um 1900 als Försterei
errichteten Gebäude wurden ab 1920
zur Fischerei. Inzwischen besitzt das
beliebte Ausflugsziel auch einige
Ferienwohnungen.

**SCHÖNER AUS-
BLICK AUF DEN
GOBENOWSEE**

Hinterm 4 / Bioladen und Bistro im
Gutshof Seewalde versteckt sich die
Terrasse des Herrenhauses. Schade,
dass hier viel kaputt ist.

findet sich eine Rastbank. Nach links geht's zum Waldrestaurant Johannesruh – wir biegen jedoch rechts ab und beim Schild „Neu Drosedow" nach links. An der Wendeschleife folgst du dem Fahrweg in den Wald (Schild: „! 3 km"). Die Strecke nach Seewalde wird dank Baumquiz und einer Infotafel über heimische Singvögel nicht langweilig. Mit Blick auf den Pagatzsee erreichst du Asphalt und orientierst dich an der Radweg-Beschilderung nach Canow. Bevor es in diese Richtung weitergeht, stoppst du am 4 / Bioladen und Bistro im Gutshof Seewalde (https://seewalde.de/laden-und-bistro).

Baden, baden, und nochmals baden

Auf holprigem Pflaster und geflickter Asphaltstraße strampelst du weiter zum kurzen Kanal zwischen Gobenowsee (rechts) und Klenzsee (links). Nur wenige Meter bergan, da zweigt rechts ein mit Grünem Punkt markierter Waldweg ab, der an der 5 / Badestelle am Gobenowsee herauskommt. Jetzt geht es ein kurzes Stück steil bergauf – Tourenbikes ohne elektrische Unterstützung müssen hier geschoben werden. Im Siedlungsbereich folgst du geradeaus der Plattenstraße, die in einen Schotterweg übergeht, und zweigst bei

Findlings-garten

der Infotafel „Bungalowsiedlung" links ab. Beim Stoppschild überquerst du die B 122 und fährst in den für Motorverkehr gesperrten
Waldweg. An der ersten Kreuzung im Wald biegst du links ab und
erreichst die erste 6 / Badestelle am Trünnensee. Am Nordufer erwarten dich noch mehr Badeplätze.

Vom Trünnensee zur Müritz-Havel-Wasserstraße

Kurz hinterm Steg am Ostufer des Trünnensees biegst du links ab
und rollst am Waldrand zuerst ost-, danach nordwärts. Bald macht
der schöne Weg einen 90-Grad-Knick nach rechts und zieht durch
Wald ans Nordufer des Buchsees – auch hier gibt es mehrere Badestellen, überdies einen Rastplatz. Schnell erreichst du ein Asphaltsträßchen, dem du nach links folgst. An der Kreuzung mit Radwegweisern vertraust du der Angabe „Strasen 2,5 km". In Strasen hältst
du dich geradeaus Richtung Großmenow, vorbei an der Kirche, zur
Müritz-Havel-Wasserstraße.

Strasen und die Straße zum Fischereihof

Nach der Brücke zeigt ein Wegweiser zum Badestrand Strasen am
Großen Pälitzsee. Wenige Meter weiter biegst du links ab und fährst
sofort wieder links in die Schleusengasse. Von der hölzerne Fußgän-
ger- und Fahrradbrücke beim 7 / Hotel und Restaurant Zum Löwen
kannst du das Schleusen der Schiffe beobachten. Am Löwen kürzt

KM 5,4

Wenn du schon am
Anfang der Tour Hunger
verspürst, bietet sich ein
Abstecher zum ruhig ge-
legenen Waldrestaurant
und Hotel Johannesruh
an (www.hotel-
johannesruh.de). Vom
Abzweig, der im Text
beschrieben ist, radelst
du 1,1 km in östliche
Richtung.

◄ links / Der Findlingsgarten Wesenberg zeigt eine interessante Auswahl
der großen Steine ▲ oben / Am Peetschsee machen wir unseren ersten
Badestopp

du nach rechts ab zur Forellenzucht Kruse. Es geht etwas bergan und am Vorfahrtsschild nach rechts – du verlässt Strasen in Richtung Priebert. In Höhe der Ziegelei biegst du links ab nach „Hartenland 1 km". Du strampelst durch das Örtchen und weiter Richtung Ahrensberg. Bald ist die Hausbrücke Ahrensberg ausgeschildert. Davor lädt der 8 / Fischereihof an der Hausbrücke zum Fischimbiss ein, natürlich mit Bier vom Fass. Räucherfisch zum Mitnehmen kannst du auch kaufen. Klasse: Der Fischereihof hat eine E-Bike-Ladestation!

Über Ahrensberg…

Nach der Stärkung radelst du zur letzten Kreuzung zurück und fährst nach rechts. Im Anstieg ist es anspruchsvoll, auf dem schmalen Randstreifen neben der Katzenkopfpflasterstraße zu fahren. Eine Brücke führt über die Havel. Dann lohnt ein Halt bei der 9 / Kirche Ahrensberg. Der hübsche Fachwerkbau entstand Mitte des 18. Jh. und ist bereits das dritte Gotteshaus an diesem Platz. Die spätbarocke Ausstattung ist überwiegend original erhalten. Leider sind die Holzteile der Kirche durch Insektenbefall stark beschädigt, eine Sanierung wäre dringend notwendig.

…zurück nach Wesenberg

Von Ahrensberg folgst du der Straße nach Wesenberg. Dort angekommen, nimmst du den Radweg an der B 198 nach links, überquerst ein letztes Mal die Havel und biegst bei der Buswendeschleife rechts ab in den Radweg. Du rollst am Anleger Wesenberg der Mirower Fahrgastschifffahrt sowie am Biergarten Am Hafen vorüber und erreichst den Parkplatz der Burg Wesenberg, in der sich neben der Touristeninformation auch das E-Bike-Infocenter befindet. Der Burgweg führt zum 1 / Marktpatz Wesenberg, wo sich unsere Runde schließt.

KM 16,7

Nahe der Dorfkirche Strasen gibt es einen kleinen Dorfladen. Hier kannst du gekühlte Getränke und verschiedene Snacks kaufen. Oft gibt es Kaffee und Kuchen, manchmal auch Softeis. Adresse: Pelzkuhler Straße 11, 17255 Wesenberg OT Strasen

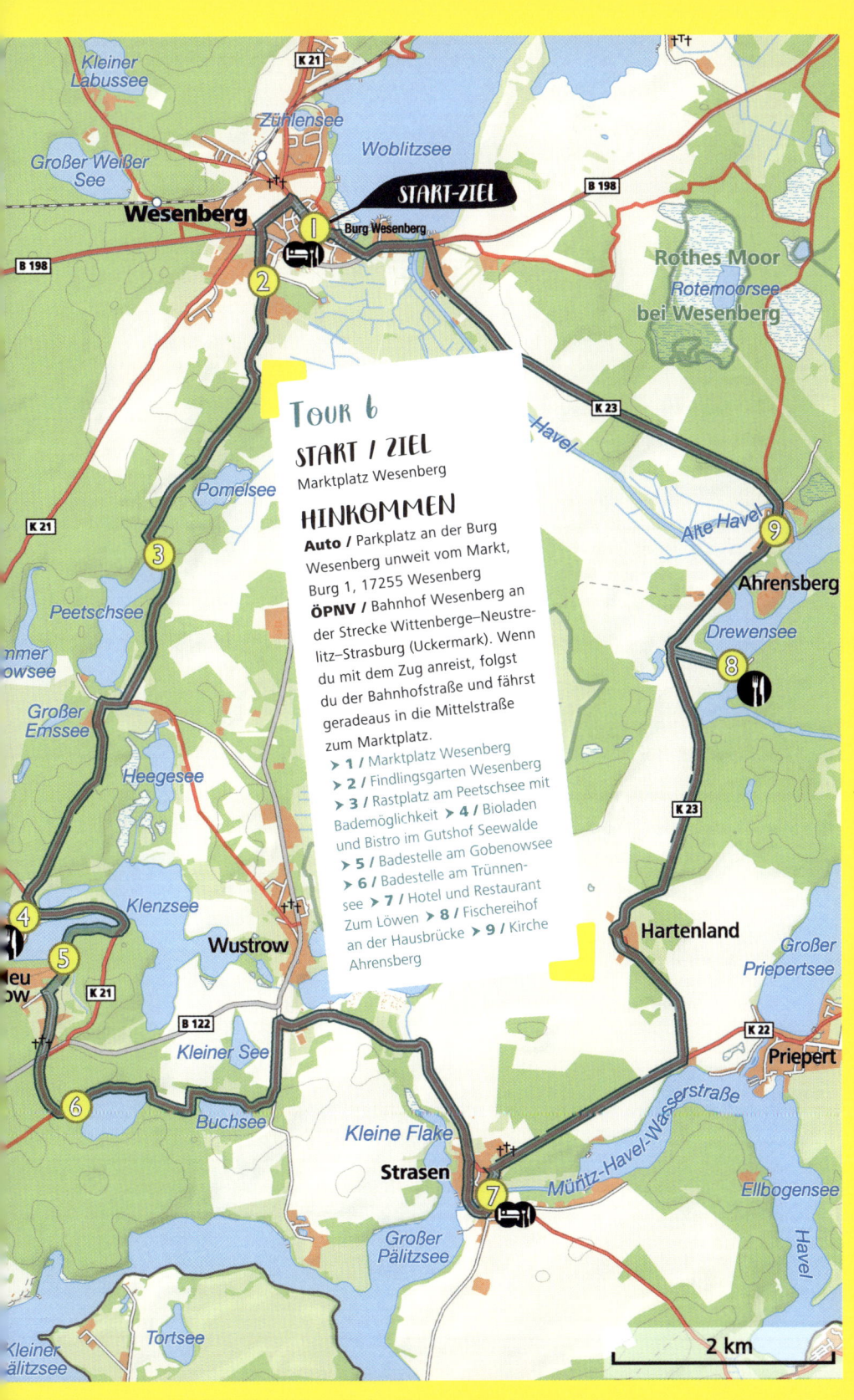

START-ZIEL

Burg Wesenberg

TOUR 6

START / ZIEL
Marktplatz Wesenberg

HINKOMMEN
Auto / Parkplatz an der Burg Wesenberg unweit vom Markt, Burg 1, 17255 Wesenberg
ÖPNV / Bahnhof Wesenberg an der Strecke Wittenberge–Neustrelitz–Strasburg (Uckermark). Wenn du mit dem Zug anreist, folgst du der Bahnhofstraße und fährst geradeaus in die Mittelstraße zum Marktplatz.
> 1 / Marktplatz Wesenberg
> 2 / Findlingsgarten Wesenberg
> 3 / Rastplatz am Peetschsee mit Bademöglichkeit **> 4 /** Bioladen und Bistro im Gutshof Seewalde
> 5 / Badestelle am Gobenowsee
> 6 / Badestelle am Trünnensee **> 7 /** Hotel und Restaurant Zum Löwen **> 8 /** Fischereihof an der Hausbrücke **> 9 /** Kirche Ahrensberg

2 km

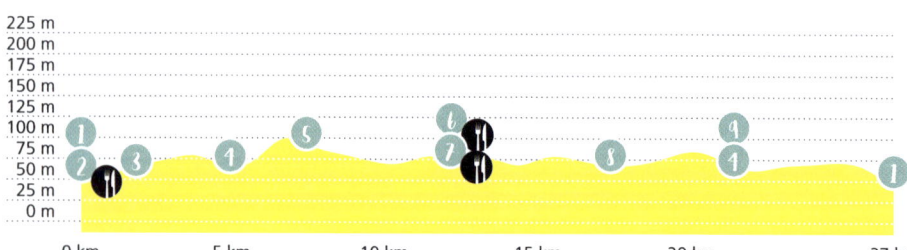

FRISCHE FISCHE FISCHT...

...die Fischerei am Stechlin. Ich kann erst weiterfahren, wenn ich eine Fischsemmel verdrückt habe. Nein, ich bleibe noch eine Weile, so schön ist's hier!

➤ **1 /** Am Bahnhof Fürstenberg (Havel) ankommen und abfahren

➤ **2 /** Vom Wasserwanderrastplatz auf die stille Gänsehavel blicken

➤ **3 /** Beim Zugang zur Badestelle am Röblinsee die Marina besuchen

➤ **4 /** Hausgemachtes Eis beim Radnetz-Knotenpunkt 48 schlecken

➤ **5 /** Wie eine Herzogin den Ausblick vom Augustablick genießen

➤ **6 /** Vorm Restaurant Fontanehaus steht der vergoldete Dichter

➤ **7 /** Probiere den schmackhaften Fisch der Fischerei am Stechlinsee

➤ **8 /** Abkühlung verspricht die Badestele am Großen Boberowsee

➤ **9 /** An der Badestelle am Menowsee nochmals ins Wasser springen

AUF FONTANES SPUREN

Von Fürstenberg an der Havel zum Stechlin

Mit seinem populärsten Werk schuf Theodor Fontane ein literarisches Denkmal für den Großen Stechlinsee. „Der Stechlin" ist allerdings ein Gesellschaftsroman, der idyllische Handlungsort eher belanglos. Seinen einmaligen Charme entdeckst du besser auf dieser naturnahen Radtour.

27 Kilometer
200 Höhenmeter
2:00 Stunden
Rundtour

Mecklenburg ade, Brandenburg juche!
Theodor Fontane liebte das Reisen – man denke nur an die „Wanderungen durch die Mark Brandenburg". Von ihm stammt der Satz: „Man muss es so einrichten, dass einem das Ziel entgegenkommt." Fontane war zwar kein Patriot, aber ein waschechter Preuße. Seine Spuren finden wir heute im Bundesland Brandenburg. Indes gehörte Fürstenberg an der Havel zum Herzogtum Mecklenburg. Es war der Hauptort der Fürstenberger Werder: Dieses kleine Gebiet wurde Mitte des 14.

CHARAKTER
Sportlich ●●●○○
Abkühlung ●●●●○
Schlemmen ●●●●●
Panorama ●●●●○

TOURENINFO / Zur einen Hälfte bequeme Asphaltstraßen und Radwege, zur anderen Hälfte breite Waldwege und ein paar Pfade: Die Tour bietet viel Abwechslung, ohne dass es allzu anstrengend wird. Wer dennoch ins Schwitzen kommt, hat mehrere Bademöglichkeiten. Und fürs leibliche Wohl ist auch gesorgt.

◄ **links / Der Große Stechlinsee oder Stechlin, wie er in Anlehnung an Fontanes Roman zuweilen genannt wird**

Jh. von der Mark Brandenburg abgetrennt und blieb bis 1950 mecklenburgisch. Die Altstadt und das Fürstenberger Schloss gestalteten mecklenburgische Baumeister – siehe Feierabend-Ride Nr. 8. Aktuell lassen wir diese Sehenswürdigkeiten links liegen.

Vom Bahnhof zum Wasserwanderrastplatz

Du startest am 1 / Bahnhof Fürstenberg (Havel) und folgst der Radweg-Beschilderung „Wesenberg 27 km". Neben der Bahnhofstraße siehst du den Park am Bahnhof mit sowjetischem Ehrenmal, anschließend querst du die Priesterhavel und biegst sofort rechts ab in die Havelstraße, wenngleich das Radwegzeichen nach links zeigt. Nachdem du Boots- und Kanuanleger sowie Spielplatz passiert hast, musst du dein Bike wenige Meter schieben – auf dem Fußweg vorbei am Fischerhaus, wo du rechts abbiegst in einen kombinierten Fuß- und Radweg. Über eine Holzbrücke kommst du zum 2 / Wasserwanderrastplatz, von dem du eine entzückende Aussicht auf die Gänsehavel hast. Nebenan ist der Kulturgasthof Alte Reederei (www.altereederei.de).

VARIANTE FÜR SPORTLICHE

Wer es sich zutraut, sein Bike über viele Stufen zum 5 / Augustablick hinaufzutragen, kann vom Waldparkplatz am Peetschsee dem Uferweg folgen („Laufstrecke 3").

Raus aus der Stadt!

Fahre nach rechts auf die Bundesstraße B 96. Nach der Havelbrücke folgst du der Radweg-Beschilderung „Steinförde 4,1 km" nach rechts. Achtung: Biege sofort wieder rechts ab in die Steinförder Straße (Schild: „Marina"). Beim Kriegerdenkmal fährst du halbrechts – achte auf die Radweg-Zeichen! Etwa 400 m nach der Eisenbahnbrücke verweist links ein Schild auf das Wasserwerk. Hier ist rechts der 3 / Zugang zur Badestelle am Röblinsee. Gleich nebenan befindet sich die kleine Marina. Nach einer Pause geht's weiter auf der Straße. Am Radnetz-Knotenpunkt 49 geht sie in eine Fahrradstraße über – du folgst der Beschilderung „Steinförde 2,5 km". Bis zum 4 / Radnetz-Knotenpunkt 48 ist die Strecke eindeutig.

➤ rechts oben / Die Boote der Fischerei Stechlinsee warten auf Angler, die gegen Gebühr fischen dürfen

KM 12,2

Die 7 / Fischerei am Stechlinsee ist
eine Institution! Aus dem glasklaren
Wasser des 4,25 km² großen und fast
70 m tiefen Stechlin werden neben
Maränen auch Aale, Barsche, Hechte
usw. gefischt. Die Fischerei verkauft
frischen und geräucherten Fisch und
betreibt den großartigen Imbiss. /
www.fischerei-stechlinsee.de

HISTORISCHER FRIEDHOF DAGOW

In Dagow lohnt sich ein Abstecher zum historischen Friedhof. Fontane beschrieb das Grabgewölbe „Metas Ruh" in den „Wanderungen durch die Mark Brandenburg".

Erholsame Waldpartie nach Dagow

An diesem Knotenpunkt werden wir später wieder ankommen und nach Fürstenberg fahren. Aber jetzt folgen wir ganz kurz dem Radweg gen „Wesenberg 23 km / Strasen 7,6 km". Aufgepasst: Schon nach wenigen Metern musst du links abbiegen in die Straße Steinerne Furth. Orientiere dich am Wanderwegweiser Richtung Rheinsberg. An der ersten und an der zweiten Gabelung fährst du jeweils links, so dass du zum Waldparkplatz am Peetschsee kommst (Wanderweg-Markierungen: Blauer Balken und Blauer Punkt). Vom Wanderparkplatz folgst du dem für Motorverkehr gesperrten Waldweg. Er verläuft oberhalb des Peetschsees zum 5 / Augustablick, wo sich ein schöner Rastplatz befindet und Stufen hinab ans Ufer führen. Großherzogin Augusta Caroline von Mecklenburg-Strelitz soll die Aussicht auf den See zu ihrem Lieblingsplatz erklärt haben. Nachdem du dich an der Szenerie erfreut hast, rollst du auf dem breiten Forstweg nach Dagow. Kurz vorm Ort beginnt Asphalt.

Von Dagow zur Fischerei am Stechlinsee

In Dagow biegst du beim Briefkasten rechts ab – die Fischerei am Stechlinsee ist hier beschildert. Du radelst zwischen Grundstücken und See. Nach der kleinen Badestelle folgst du dem breiteren Weg entlang des Zaunes; Straßenlaternen begleiten dich zur Stechlinseestraße, auf die du nach rechts einbiegst. Die großen Parkplätze und touristische „Attraktionen" lassen erahnen, dass wir dem Stechlin näherkommen und der vermeintliche Schauplatz von Fontanes berühmtestem Roman viele Menschen fasziniert. Neben einem Fahrradverleih gibt es etliche Einkehrmöglichkeiten, darunter das 6 / Restaurant Fontanehaus, vor dem eine goldene Figur des Dichters steht (www.fontanehaus.com). Zur kultigen 7 / Fischerei am Stechlinsee ist es nicht mehr weit: Fahre noch ein kleines Stück der Stechlinseestraße nach und halte dich dann beim Sackgassenschild geradeaus zum See. Am Badestrand folgst du dem Uferweg nach rechts – die Fischerei siehst du bereits vom Strandufer aus. Eine Pause ist verpflichtend! Die Spezialität sind geräucherte Maränen, im Ganzen oder filetiert, aber auch die anderen Fischspezialitäten sind nicht zu verachten.

KM 4,9 & 21,9

Einmal oder zweimal? Auf der Hin- und Rückfahrt zum Stechlin bietet sich die Eismanufaktur Winterfeldt am 4 / Radnetz-Knotenpunkt 48 für eine Pause an. Es gibt leckere Eisbecher mit hausgemachtem Softeis. Öffnungszeiten: tgl. 12-18 Uhr

---

‹ links / Pause am Augustablick, die Lieblingsstelle der Großherzogin von Mecklenburg-Strelitz ∧ oben / Verträumt: Die Gänsehavel am Wasserwanderrastplatz in Fürstenberg

Vom Stechlin zum Großen Boberowsee

Gestärkt bereitet uns der etwas holprige Uferweg nordwärts kaum Probleme. Allerdings nehmen wir Rücksicht auf Fußgänger, da es sich um einen beliebten Wanderweg handelt. Als Alternative zum Uferweg bietet sich ein breiter Forstweg an, der östlich der Fischerei über den Fenchelberg nach Norden führt. Auf dem Uferweg erreichst du nach knapp 3 km die seichte Nordbucht, wo Einheimische gern baden. Nach einer Infotafel über Totholz verabschiedest du dich vom Stechlin und folgst zweimal den Wegweisern zum Großen Glietzensee und nach Steinförde (Wanderweg Gelber Balken). An einer Y-Kreuzung verlässt du den Weg Gelber Balken und nimmst den linken Weg – Markierung Blauer Balken. Auf schattigem Forstweg radelst du nordwärts bis zur 8 / Badestelle am Großen Boberowsee. Wie wär's mit einer Erfrischung?

ÜBER 600 JAHRE

existierte der Fürstenberger Werder als mecklenburgisches Gebiet, das von drei Seiten durch die Mark Brandenburg umschlossen war. Seine dichten Wälder – wir radeln hindurch – sollen im 16./17. Jh. das letzte Rückzugsgebiet für wilde Auerhühner gewesen sein.

Zurück zum Radnetz-Knotenpunkt 48

Kurz nach der Badestelle folgst du einem Asphaltsträßchen nach rechts und rollst am Naturcampingplatz Ellbogensee vorüber in den Ort Großmenow. Hier zweigst du rechts ab Richtung „Himmelpfort 15 km / Fürstenberg 7,5 km". Bis zur nächsten Kreuzung mit Radwegweiser geht's leicht bergan. Die Richtung Fürstenberg behältst du bei und kommst zur 9 / Badestelle am Menowsee. Etwa 500 m weiter erreichst du den bekannten 4 / Radnetz-Knotenpunkt 48.

Über die Steinhavelmühle nach Fürstenberg

Nun folgst du dem Radwegweiser „Himmelpfort 11 km / Fürstenberg 4,8 km". Nach den Infotafeln überquerst du die Steinhavel. Du strampelst allmählich bergan und am Waldrand nach rechts. Die Gebäude der Steinhavelmühle sind zum Teil verfallen; die Schleuse Steinhavel grenzt unmittelbar an und ist dir vielleicht einen Stopp wert. Ein Straßenradweg führt dich schließlich nach Fürstenberg. Dort nimmst du die Hauptstraße nach links, fährst durch die Eisenbahnunterführung und biegst gleich dahinter rechts ab. Dem hohen Bahndamm nach kommst du zum 1 / Bahnhof Fürstenberg (Havel).

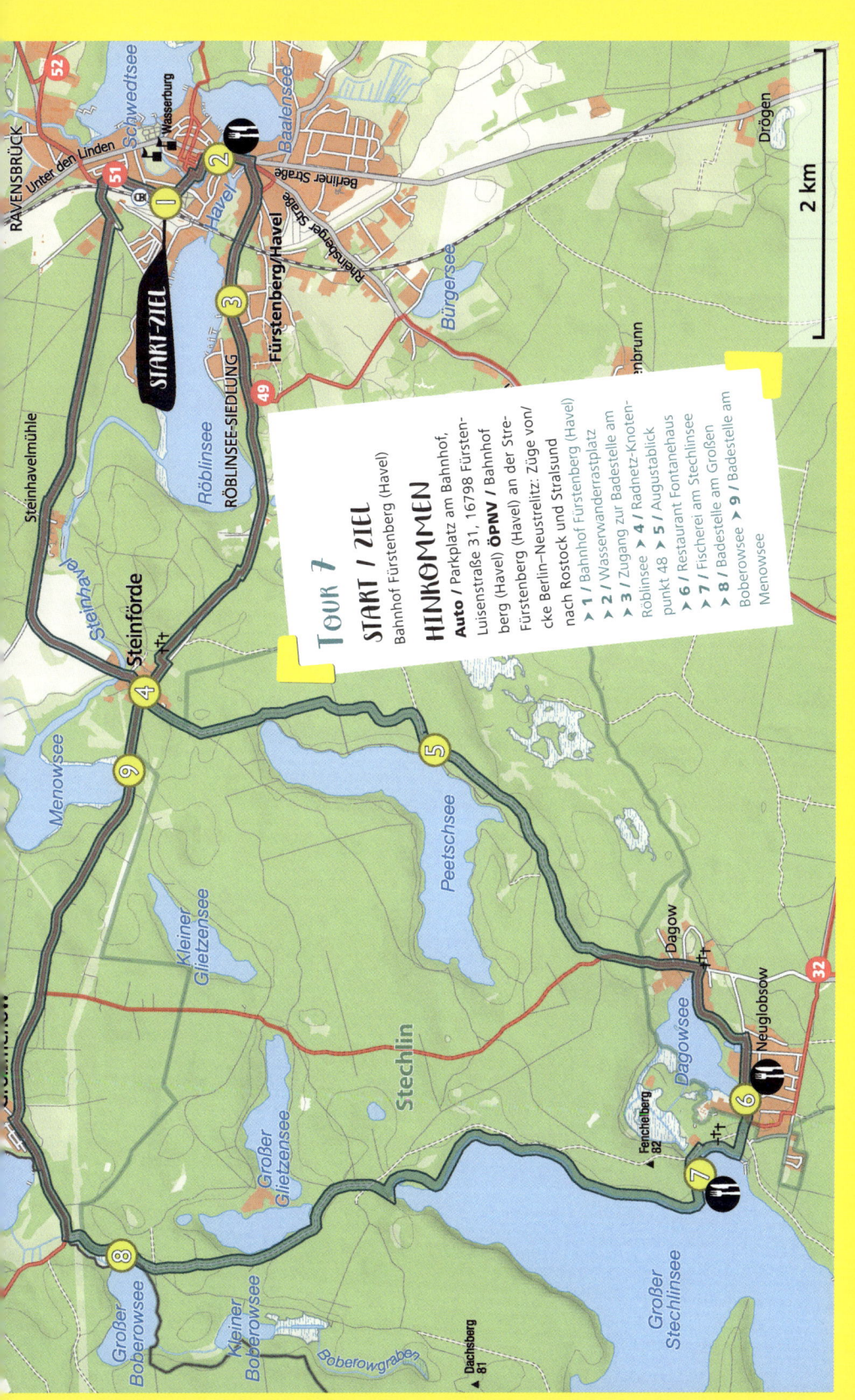

TOUR 1

START / ZIEL
Bahnhof Fürstenberg (Havel)

HINKOMMEN
Auto / Parkplatz am Bahnhof, Luisenstraße 31, 16798 Fürstenberg (Havel) **ÖPNV** / Bahnhof Fürstenberg (Havel) an der Strecke Berlin–Neustrelitz: Züge von/ cke Berlin–Neustrelitz: Züge von/ nach Rostock und Stralsund
➤ **1** / Bahnhof Fürstenberg (Havel)
➤ **2** / Wasserwanderrastplatz
➤ **3** / Zugang zur Badestelle am Röblinsee ➤ **4** / Radnetz-Knotenpunkt 48 ➤ **5** / Augustablick
➤ **6** / Restaurant Fontanehaus
➤ **7** / Fischerei am Stechlinsee
➤ **8** / Badestelle am Großen Boberowsee ➤ **9** / Badestelle am Menowsee

EIN SCHÖNER ORT!

Ich bin gern in Himmelpfort. Dass sich Touristen im Ort tummeln, kann ich verstehen. Es ist einfach schön da, es gibt viel zu sehen und zu tun.

➤ **1 /** Am Bahnhof Fürstenberg (Havel) zur Rundfahrt aufbrechen

➤ **2 /** Baudenkmäler am Marktplatz Fürstenberg (Havel) betrachten

➤ **3 /** Einmalig in Deutschland: Technisches Denkmal Eisenbahnfähre

➤ **4 /** Eine erste Abkühlung am Badeplatz am Stolpsee einplanen

➤ **5 /** Wir beobachten das Schleusen an der Schleuse Bredereiche

➤ **6 /** Eine lange Pause machen und Kloster Himmelpfort erkunden

➤ **7 /** Nie vergessen, was geschah: Mahn- und Gedenkstätte Ravensbrück

➤ **8 /** Beim Radnetz-Knotenpunkt 52 einen Sowjet-Panzer bestaunen

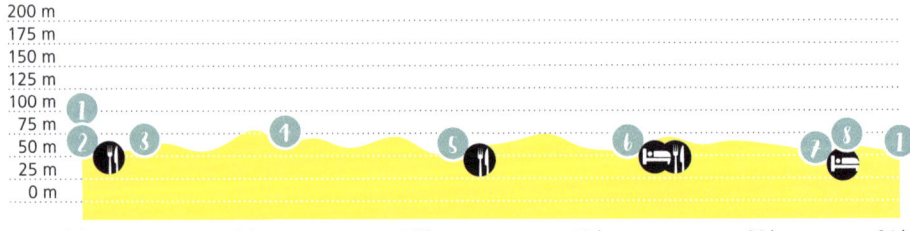

200 m					
175 m					
150 m					
125 m					
100 m					
75 m					
50 m					
25 m					
0 m					

0 km   5 km   10 km   15 km   20 km   24 k

HIMMEL UND HÖLLE

Kloster Himmelpfort und Gedenkstätte Ravensbrück

Gutes und Böses liegen manchmal nah beisammen. So verbindet diese Rundfahrt ab Fürstenberg an der Havel zwei historische Orte, die verschiedener kaum sein könnten: das frühere Kloster Himmelpfort und das nationalsozialistische Konzentrationslager Ravensbrück.

Vom Bahnhof zum Marktplatz Fürstenberg

Wie bei Feierabend-Ride Nr. 7, beginnt auch diese Rundfahrt am 1 / Bahnhof Fürstenberg (Havel), wodurch eine bequeme Anreise mit der Bahn aus Berlin, Rostock oder Stralsund möglich ist. Du folgst dem Radwegweiser „Wesenberg 27 km", die Bahnhofstraße führt dich vorbei am Park mit dem sowjetischen Ehrenmal und über die Priesterhavel. Wo Tour 7 nach rechts in die Havelstraße abzweigt, folgst du dem Radweg links

24 Kilometer
130 Höhenmeter
1:30 Stunden
Rundtour

CHARAKTER

Sportlich ●○○○○
Abkühlung ●●●○○
Schlemmen ●●●●○
Panorama ●●○○○

TOURENINFO / Überwiegend leicht befahrbare Naturwege und asphaltierte Nebenstraßen, kaum Höhenunterschiede: Diese Tour ist leicht. Es gibt ein paar Badestellen und mehrere Einkehrmöglichkeiten. Bitte bedenken: Für einen angemessenen Besuch der Mahn- und Gedenkstätte Ravensbrück solltest du mehrere Stunden einplanen – so wird die Runde zur Tagestour.

◄ links / Morgenstimmung am Moderfitzsee, einem der vielen schönen Seen rund um Himmelpfort

in die Alte Poststraße, die am 2 / Marktplatz Fürstenberg (Havel) endet. Sieh dich hier ein wenig um, es lohnt sich!

Sehenswertes am Marktplatz Fürstenberg

Fürstenberg wurde im 13. Jh. als Kirchspiel erwähnt; das Patronat besaßen bereits die mecklenburgischen Herzöge, obgleich der Fürstenberger Werder erst im 14. Jh. von der Mark Brandenburg getrennt und mecklenburgisch wurde (siehe Tour 7). Im 16. und 17. Jh. brannten Kirche und Turm ab, danach wurde eine neue Kirche errichtet. Bei einem gewaltigen Stadtbrand im Jahr 1807 verlor Fürstenberg einen Großteil der älteren Bausubstanz, darunter auch die zweite Stadtkirche. Nach Plänen des mecklenburgischen Baumeisters Friedrich Wilhelm Dunkelberg entstand der Marktplatz in seiner jetzigen Form; die heutige, mithin dritte Stadtkirche ist ein Werk des Schinkel-Schülers Friedrich Wilhelm Buttel, der ranghöchster Baubeamter in Mecklenburg-Strelitz war. Das mächtige Gotteshaus ist Beispiel für einen „italienisierenden Rundbogenstil". Dass die Häuser ringsum zweigeschossig erbaut werden mussten, schrieb die Wiederaufbau-Kommission nach dem Stadtbrand vor. Typische Gebäude, die diese Zeit gut widerspiegeln, sind die Häuser Markt 7 und 8.

FAHRGASTSCHIFF MS „MÖWE"
Die Reederei Michael Kreyss bietet drei Rundfahrten im Fürstenberger Havelgebiet an. Die Fünf-Seen-Rundfahrt ab Lychen legt in Fürstenberg an.

Zum Technischen Denkmal Eisenbahnfähre

Nachdem du dich auf dem denkmalgeschützten Marktplatz umgesehen hast, radelst du links der Berliner Volksbank in die Baalenseestraße, die zum Schiffsanleger führt. Davor biegst du links ab in die Wallstraße und darauf rechts in die Gartenstraße. Über die überdachte Havelbrücke musst du dein Fahrrad schieben, anschließend vertraust du der Beschilderung: 3 / Technisches Denkmal Eisenbahnfähre.

➤ rechts oben / Gut zum Verweilen: Der kleine Park rund um das ehemalige Kloster Himmelpfort ist schön gestaltet

KM 15,9

Im 6 / Kloster Himmelpfort lebten
Zisterziensermönche. Es wurde 1299
durch Markgraf Albrecht III. von
Brandenburg gestiftet und durch das
Kloster Lehnin aufgebaut. Das gesamte
Gelände kann kostenlos besichtigt
werden, die Kirche ist normalerweise
zwischen 10 und 18 Uhr geöffnet. /
www.kloster-himmelpfort.de

Am Südufer des Stolpsees nach Zootzen

Am trockengelegten Fährschiff links vorüber und durch die Garten-anlage: Hinterm letzten Grundstück folgst du der Beschilderung „Ly-chen 26,8 km / Bredereiche 10,3 km". Du passierst den Camping-platz „Wilde Heimat" und rollst etwa 1,5 km durch Felder, Wiesen und Wäldchen, bevor du erstmals das Ufer des Stolpsees erreichst. Danach wird das Gelände des Waldhofs Zootzen rechter Hand um-fahren und der Radweg führt zum 4 / Badeplatz am Stolpsee, der sich in der Nähe von Buchengarten befindet. Von hier rollen wir kurz am Seeufer dahin, nachher südwärts. Auf sandigem Weg er-reichst du eine beschilderte Kreuzung, an der links der Wanderweg Richtung Lychen und Bredereiche abzweigt. Du fährst allerdings ge-radeaus zur Kreisstraße und biegst links ab, wie das Radwegzeichen vorgibt. So erreichst du Zootzen.

Leichte Fahrt von Zootzen bis Himmelpfort

Von Zootzen folgst du der Straße nach Bredereiche. Gleich am Orts-eingang hältst du dich am „dreieckigen" Platz links und orientierst dich an den Schildern „Dorfzentrum", „Hafen" und „Schleuse". Fol-ge auch der Radweg-Beschilderung nach Himmelpfort. Nachdem du die Havel überquert hast, schließt du dein Bike beim Badeplatz an und gehst zu Fuß zurück zur 5 / Schleuse Bredereiche, um dem Auf- und Absteigen der Boote zuzusehen. Vertraue weiter den Rad-weg-Zeichen. Bis Himmelpfort gibt es fast immer einen Radweg neben der Straße. Am Radnetz-Knotenpunkt 54 sind es laut Schild nur noch 0,2 km zur Ortsmitte, de facto etwas mehr. Du radelst an der Fischgaststätte vorüber, überquerst beim Kriegerdenkmal das Mühlenfließ und triffst nach der Woblitzbrücke auf das ehemalige 6 / Kloster Himmelpfort. Wenn du dich stärken willst: Am Weih-nachtshaus wird bei schönem Wetter gegrillt, gegenüber lädt das Restaurant Kleeschen zur Einkehr ein. Beachte auch den kleinen Klosterkräutergarten linker Hand vom Restaurant sowie die Schleu-se zwischen Stolpsee und Haussee.

170 T

So viel Last konnte die Eisenbahnfähre tragen. Sie fuhr von 1934 bis 1993. Der Kahn war über 34 m lang und mehr als 5 m breit. Er wurde von einem Dieselmotor mit 30 PS angetrieben. Das 3 / Technische Denkmal Eisenbahnfähre ist ein-malig in Deutschland.

◄ links / Hier fuhr die einzigartige Eisenbahnfähre bei Fürstenberg ▲ oben / Gegen das Vergessen: Besuch der Mahn- und Gedenkstätte Ra-vensbrück

EINKEHR IN BREDEREICHE

Kurz nach der Kirche St. Martin geht's links zur Gaststätte Bootshaus (www.bootshaus-bandelow.de). Im Gastgarten sitzt man direkt an der Havel.

KM 16,0

Wenn du in Himmelpfort nach Klosterbesichtigung und Einkehr auch eine Badepause einlegen willst, biegst du am Radnetz-Knotenpunkt 53 links in die Fürstenberger Straße ab. Nach knapp 200 m geht's am großen Parkplatz links zur Badestelle am Stolpsee.

Zur Mahn- und Gedenkstätte Ravensbrück

Die kurze Klosterstraße verläuft zur ehemaligen Klostermauer, dahinter befindet sich der Radnetz-Knotenpunkt 53. Dort folgst du dem Wegweiser „Wesenberg 36 km / Fürstenberg 6,8 km". Wir erleben eine typisch brandenburgische Dorfstraße. Das darauffolgende Asphaltsträßchen darf nur von land- und forstwirtschaftlichen Fahrzeugen befahren werden, Fahrräder sind natürlich ebenso erlaubt. Wir radeln längere Zeit durch den Wald, bevor uns Schilder auf das Jugend-Konzentrationslager hinweisen. 1939 ließ die SS in Ravensbrück das größte Frauen-Konzentrationslager errichten, 1941 wurde ein Männerlager und 1942 das Jugendschutzlager Uckermark angegliedert. Unser Weg quert die Gleise des Bahnschlusses zum Siemensgelände, auf dem sich eine Rüstungsproduktionsstätte befand. In 20 großen Hallen mussten Ravensbrücker KZ-Häftlinge arbeiten; in den letzten Kriegsjahren wurden Teile für die V2-Raketen hergestellt. Nach den Bahngleisen endet der Radweg, du fährst auf der Straße. Ein Zugang zur 7 / Mahn- und Gedenkstätte Ravensbrück befindet sich direkt an der Straße, der Haupteingang beim Infocenter (Wegpunkt in der GPX-Datei).

Letzte Etappe: Zurück nach Fürstenberg

Auf dem Radfernweg Berlin-Kopenhagen (Infotafel am Abzweig zur Mahn- und Gedenkstätte) radelst du Richtung Wesenberg. Zwischen Industrieruinen und verfallenen Häusern, die zum Konzentrationslager Ravensbrück gehörten, geht's Richtung Fürstenberg. Beachte den sowjetischen Jagdpanzer SU100, der ein „Denkmal für die Befreiung des KZ Ravensbrück durch die Rote Armee am 30. April 1945" ist. Der Panzer steht am 8 / Radnetz-Knotenpunkt 52. Leider zeigt kein Wegweiser in die Richtung, in die du weiterstrampelst. Trotzdem nutzt du den Radweg bis zum Vorfahrtsschild und hältst dich dort geradeaus auf der Lychener Chaussee. Nachdem du das Hegensteinfließ überquert hast, rollst du auf der Ravensbrücker Dorfstraße bis zur Bundesstraße B 96. Dort geht's geradeaus Richtung 1 / Bahnhof Fürstenberg (Havel).

L 15

L 15

L 54

L 55

Großer
Kastavensee

Oberkastavensee

Molkenkammersee

Thymensee

Kernzone NSG Thymen

Moderfitzsee

Piansee

Sidowsee

Haussee

NSBRÜCK

8

7

Schwedtsee

Fürstenberg/Havel

51

1

2

3

Baalensee

START-ZIEL

ersee

Stolpsee

4

6

Himmelpfort

▲ Eichberg
68

Zootzen

Havel

5

Bredereiche

Grenzbek

Boltenhof

TOUR 8

START / ZIEL
Bahnhof Fürstenberg (Havel)

HINKOMMEN
Auto / Parkplatz am Bahnhof, Luisenstraße 31, 16798 Fürstenberg (Havel) **ÖPNV** / Bahnhof Fürstenberg (Havel) an der Strecke Berlin–Neustrelitz: Züge von/nach Rostock und Stralsund

> **1** / Bahnhof Fürstenberg (Havel)
> **2** / Marktplatz Fürstenberg (Havel) > **3** / Technisches Denkmal Eisenbahnfähre > **4** / Badeplatz am Stolpsee > **5** / Schleuse Bredereiche > **6** / Kloster Himmelpfort > **7** / Radnetz-Knotenpunkt 52

2 km

SIK UP'N BUK LEGGEN

Das ist Niederdeutsch und heißt Faulenzen. Dafür empfehle ich eine der Badestellen auf der Runde. Mein Favorit ist der 7 / Badeplatz am Glambecksee.

➤ **1 /** Die Dorfkirche Buchholz anschauen und entspannt losradeln

➤ **2 /** Nach einer Holperpiste an der Badestelle am Nebelsee abkühlen

➤ **3 /** Zeit für eine Pause an der sehenswerten Dorfkirche Krümmel

➤ **4 /** Das ehemalige Gutshaus Krümmel und den kleinen Park ansehen

➤ **5 /** Miete beim Seehotel Ichlim ein Tretboot oder mach Badepause!

➤ **6 /** Das berühmte Xenusion von Sewekow im Schaukasten betrachten

➤ **7 /** Sik up'n Buk leggen am schönen Badeplatz am Glambecksee

➤ **8 /** Halte inne am Kriegerdenkmal vor der 8 / Dorfkirche Kieve

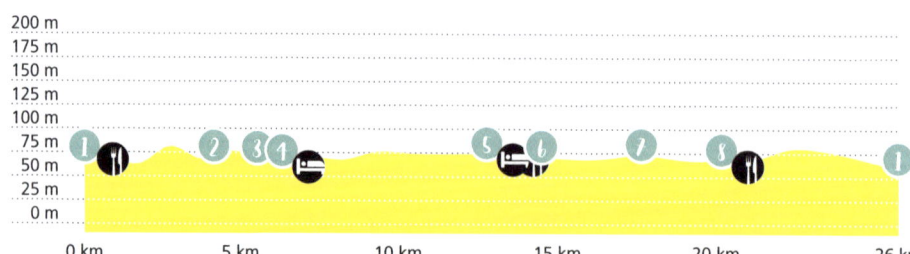

TROJA UND XENUSION

Neue Entdeckungen zum Schmunzeln und Staunen

Südlich der Müritz, wo Mecklenburg endet, ist unerforschtes Terrain – jedenfalls aus touristischer Sicht. Gleich hinter der Grenze, im kleinen brandenburgischen Dorf Sewekow, wurde ein Sensationsfund gemacht: Das erste Tier, das auf Beinen lief. Vermutlich.

Von Buchholz an den Nebelsee

Unsere Exkursion beginnt an der 1 / Dorfkirche Buchholz, welche in der ersten Hälfte des 14. Jh. als Backsteinbau auf einem Granitsockel errichtet wurde. Den Turm hat man nachträglich angebaut, seinen Aufsatz um 1700 mit Brettern verkleidet. Von der Kirche aus folgst du der Dorfstraße nach rechts. Nach der Brücke über die Elde-Müritz-Wasserstraße biegst du beim Rastplatz links ab und vertraust der Beschilderung Richtung Müritz-Nationalpark und Krümmel. Trotz seiner beachtlichen Breite ist der holprige Weg nicht leicht zu befahren – lass dir Zeit! An einer Y Kreuzung

26 Kilometer
92 Höhenmeter
1:45 Stunden
Rundtour

CHARAKTER

Sportlich ●●○○○
Abkühlung ●●●●○
Schlemmen ●●●●○
Panorama ●●●○○

TOUR, DIE DU SO NIE GEMACHT HÄTTEST

TOURENINFO / Schon kurz nach dem Start radelst du einige Kilometer auf einem ziemlich holprigen Weg, ansonsten gibt es keine allzu großen Herausforderungen. Drei mögliche Badestopps versprechen Abkühlung, außerdem gibt es mehrere Einkehrmöglichkeiten.

◄ **links / Vor über 100 Jahren wurde in Sewekow ein besonderes Tier entdeckt, das schon lange Zeit tot war**

hältst du dich links Richtung „Krümmel 6,0 km" (das Schild ist nur vom anderen Weg aus lesbar). Etwa 2,6 km ab Start rollst du geradeaus in einen für Motorverkehr gesperrten Waldweg. Im Wald querst du die Verbindung zwischen Nebel- und Tralowsee. Wenige Meter nach der Brücke kommst du zur 2 / Badestelle am Nebelsee mit Bänken.

Krümmel: Kirche und Gutshaus

Nach einer Pause folgst du weiter dem Weg am See bis zur ersten Kreuzung. Dort hältst du dich links. Unter einer alten Eiche steht eine Rastbank. Die 3 / Dorfkirche Krümmel ist weniger als einen Kilometer entfernt, der Weg dorthin eindeutig. Ungewöhnlich ist, dass die Kirche am Ortsrand erbaut wurde. Ein kleiner Rastplatz vor dem Gotteshaus lädt zum Verweilen ein, eine Tafel informiert über die Geschichte der Kirche sowie der Krümmeler Schule. Weiter geht's auf der Straße Im Dörp. Nach einer Brücke mit rot-weißem Geländer biegst du rechts ab in die Straße Up'm Hoff. Geradezu erblickst du das 4 / Gutshaus Krümmel. Schräg gegenüber wächst vor dem großen Ziegelhaus eine eindrucksvolle, mehrstämmige Kastanie.

MAX-SCHMELING-GEDENKSTEIN

Er steht an der ersten Kreuzung nach der 2 / Badestelle am Nebelsee. Der „größte deutsche Boxer aller Zeiten" war hier wohl einige Male als Jagdgast unterwegs.

Das andere Troja

Nur noch wenige Meter auf der Straße Up'm Hoff, dann fährst du halbrechts in die Straße Buten Door. Links liegt der kleine Park „Die English". Am Vorfahrtsschild biegst du rechts ab und strampelst auf der asphaltierten Straße südwärts. Du lässt Krümmel hinter dir und erreichst den sagenhaften Ort Troja. Blödsinn, das ist natürlich nicht Heinrich Schliemanns Troja! Und sollte hier tatsächlich etwas vergraben liegen, so wurde es bisher noch nicht bemerkt.

> ➤ **rechts oben / Wird hoffentlich richtig saniert: Das alte Gutshaus Krümmel hat eine Runderneuerung notwendig**

KM 6,3

Das 4 / Gutshaus Krümmel ist Teil
einer Anlage, die sich bis 1370 zurück-
verfolgen lässt. Seit 1896 war das Gut
Krümmel in Besitz von Adolf Fürst zu
Schaumburg-Lippe. Inzwischen wird
das Gutshaus zu Wohnzwecken saniert,
in einem Teil befindet sich bereits eine
schicke Ferienwohnung (www.fewo-
kruemmel.de).

Von Troja zum Seehotel Ichlim…

Gleich am Ortseingang von Troja biegst du rechts ab und folgst der Radweg-Beschilderung „Sewekow 5,0 km / Ichlim 3,5 km". Der Radweg Müritz-Nebelsee verläuft im Wald nach rechts. Ein paar Meter oberhalb des Nebelsees triffst du auf eine Kreuzung mit Wegweisern. Nimm den links abzweigenden „Wanderweg Ichlim – Uferweg 1,9 km" und bleibe, nachdem du ein Privatgrundstück passiert hast, auf dem linken, breiteren Weg. Der rechts abzweigende Weg führt am Seeufer entlang und ist für Fahrräder nicht geeignet! Nächster Stopp ist das 5 / Seehotel Ichlim (www.seehotel-ichlim.de). Hier kannst du dich bei Speis und Trank stärken, eine Runde schwimmen oder ein Tretboot ausleihen. Wenn du die ruhige Gegend genauer erforschen willst, bietet sich eine Übernachtung an. Tipp: Im KOMPASS-Wanderführer „Mecklenburgische Seenplatte" findest du eine Wanderung „Rund um Nebel- und Langhagensee" (Wanderung 30).

...und endlich zum Xenusion

Vom Seehotel rollen wir die Straße abwärts, nehmen die Brücke zwischen Nebelsee und Langhagensee und kommen ins Bundesland Brandenburg. Hier bietet sich die Gaststätte Am Donnersberg als Alternative an, sollte das Seehotel Ichlim geschlossen sein. Nach knapp 400 m gibt es noch eine Einkehrmöglichkeit: die Gaststätte Zur Blockhütte. Der Radweg neben der Kreisstraße endet in Sewekow, niederdeutsch „Sävko". Du folgst der Straße zur Ortsmitte und entdeckst in einem Schaukasten das 6 / Xenusion von Sewekow. In Sewekow ist eine Nachbildung des besonderen Urzeittiers ausgestellt, das Original befindet sich im Berliner Naturkundemuseum. Auch die übrigen Fossilien im Schaukasten sind interessant. Auf der anderen Straßenseite steht die barocke Dorfkirche. Im Inneren ruht der Turm auf zwei mächtigen Holzsäulen mit etwa 90 cm Durchmesser. Wertvoll ist der Kanzelaltar, der laut Inschrift wohl im Jahr 1682 zusammengesetzt wurde und Teile eines älteren Altars enthält. Auf den Säulenbasen befinden sich Porträts von Martin Luther und Philipp Melanchthon.

KM 8,5

Troja ist nur 30 km von Ankershagen entfernt, wo der „Entdecker" des antiken Troja lebte: Heinrich Schliemann. Doch der kleine Ort hat nichts mit ihm zu tun. Schon Jahre vor Schliemanns Geburt wurde Troja – altslawisch: „troj" = „drei" – in einem Ortsregister genannt.

‹ links / Riesig: Die mehrstämmige Kastanie in der Nähe des Gutshauses Ichlim ∧ oben / Der Schwanenhals gehört zu einem Tretboot, das man am Seehotel Ichlim ausleihen kann

Von Sewekow an den Glambecksee

Ab dem Schaukasten fährst du noch ein paar Meter die Sewekower Dorfstraße entlang und biegst dann rechts in die Buchholzer Straße ein, an deren Ende du rechts abzweigst Richtung „Below 21 km / Wredenhagen 12 km". Eine junge Allee führt dich nordwestwärts zurück nach Meck-Pomm. Bei erster Gelegenheit zweigst du links ab Richtung „Kieve 4 km". Darauf ignorierst du die Abfahrt zum Campingplatz und legst am 7 / Badeplatz am Glambecksee eine erfrischende Pause ein.

Über Kieve zurück nach Buchholz

Während der Weiterfahrt schaust du rechter Hand auf den Großen Kiever See. In Kieve angekommen, fällt die 8 / Dorfkirche Kieve auf. Das Gotteshaus geht aufs 13. Jh. zurück, in seiner heutigen Form entstand es nach dem Dreißigjährigen Krieg. Der bretterverkleidete Westturm und der Fachwerkgiebel wurden erst Ende des 18. Jh. errichtet. Innen ist die Kirche schlicht. Auffallend sind ein geschnitztes Relief (1500), ein hölzerner Altaraufsatz (1682) sowie ein Wandteppich. An der Kreuzung vor der Kirche orientierst du dich an der Radweg-Beschilderung „Bollewick 10,0 km / Melz 3,5 km". Du radelst Auf alten Landwegen, so die Radweg-Bezeichnung, und erfährst etwas über die Wiedervernässung des Polders Kieve. Nur 10 km/h sind auf der Eldebrücke erlaubt – das gilt auch für Fahrräder! Durch das anschließende Waldstück darfst du gern schneller fahren, die Straße führt eben dahin. Nach der Waldpassage hältst du dich am Vorfahrtsschild scharf rechts – in diese Richtung zeigt kein Radwegweiser. Du überquerst erneut die Elde und strampelst leicht bis Buchholz, wo du rechts in die Dorfstraße einbiegst. Sie führt dich zur 1 / Dorfkirche Buchholz.

KM 14,5

Das Xenusion auerswaldae lebte vor über 500 Mio. Jahren und gilt als das älteste nachgewiesene Tier mit Gliedmaßen, mit denen es vermutlich lief. Vor über 100 Jahren fand Fritz Knuth aus Sewekow in seinem Garten das erste von weltweit drei bekannten Exemplaren.

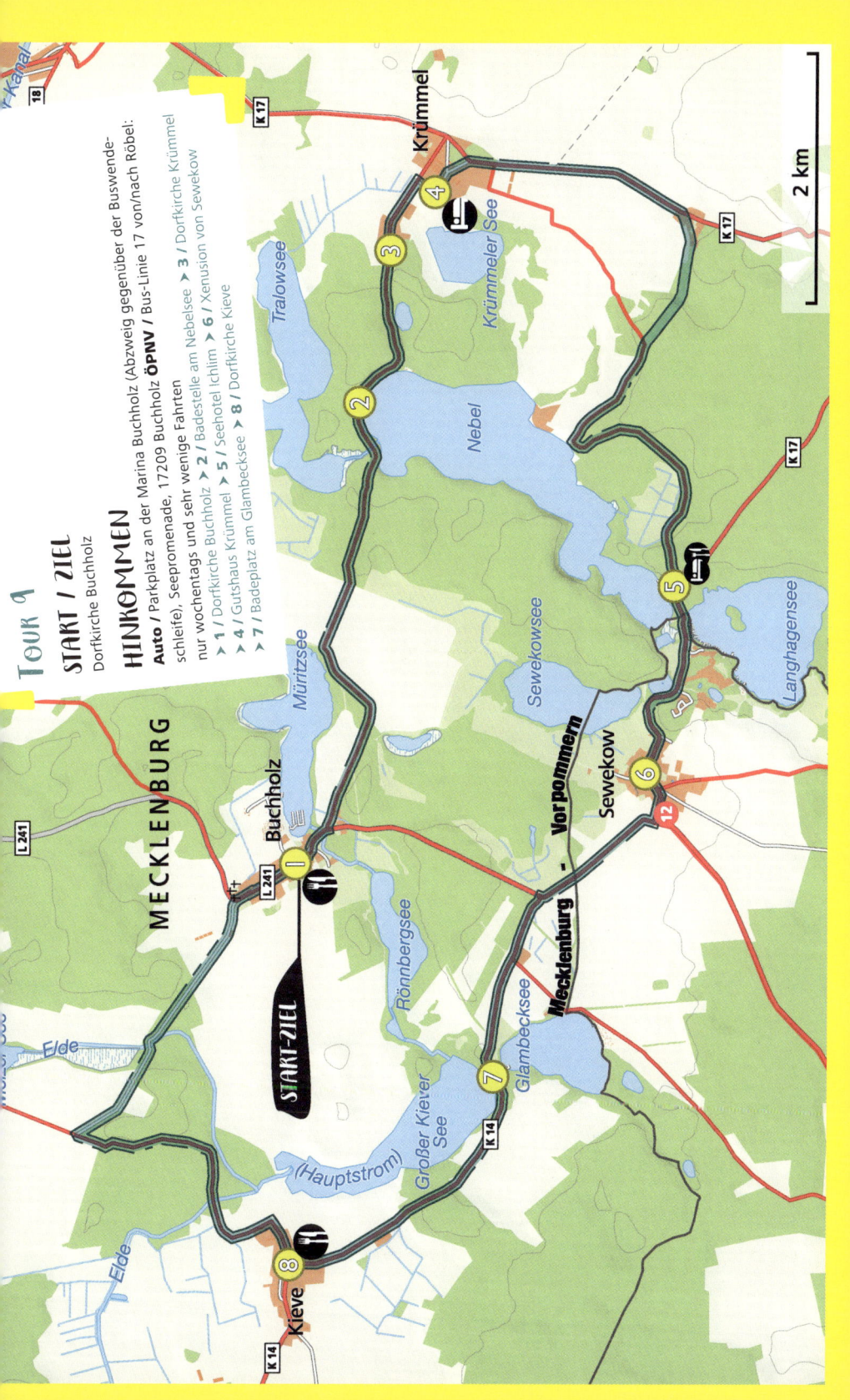

TOUR 1

START / ZIEL
Dorfkirche Buchholz

HINKOMMEN
Auto / Parkplatz an der Marina Buchholz (Abzweig gegenüber der Buswende-schleife), Seepromenade, 17209 Buchholz **ÖPNV** / Bus-Linie 17 von/nach Röbel: nur wochentags und sehr wenige Fahrten

➤ **1** / Dorfkirche Buchholz ➤ **2** / Badestelle am Nebelsee ➤ **3** / Dorfkirche Krümmel
➤ **4** / Gutshaus Krümmel ➤ **5** / Seehotel Ichlim ➤ **6** / Xenusion von Sewekow
➤ **7** / Badeplatz am Glambecksee ➤ **8** / Dorfkirche Kieve

2 km

FEIERABEND!
Ob auf dem Rad oder auf dem Wasser.

MEHR ERFAHREN

SPANNENDE TAGESTOUREN, DIE JEDER SCHAFFT

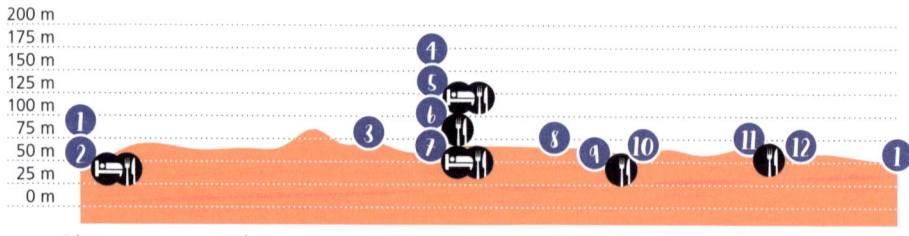

GENUSSRADELN

Ob heimischer Fisch, hausgemachter Kuchen oder „Original DDR-Soft-eis": Das ist eine Schlemmertour! Ich empfehle Räucherfisch von den Müritzfischern.

➤ 1 / Los geht's: Am Bahnhof Lübz steigen wir in den Sattel

➤ 2 / Das Museum im Amtsturm am Stadtplatz Lübz besuchen

➤ 3 / Ruh dich kurz aus: Am Kleinen Rastplatz am Gallenberg

➤ 4 / Guter Ort für schöne Fotos: die Schleuse Plau am See

➤ 5 / Mit Glück die Historische Hubbrücke in Aktion erleben

➤ 6 / Am Hafen und Leuchtturm Plau am See flanieren und speisen

➤ 7 / Vom Burgplatz aus die Burg Plau und die Altstadt erkunden

➤ 8 / Im Dorfladen bei der Dorfkirche Plauer-hagen einkaufen

➤ 9 / Kaffee und Kuchen im Schlosscafé Daschow genießen

➤ 10 / Das Museum bei der Dorfkirche Kuppentin besuchen

➤ 11 / Beobachte das Bootsschleusen an der Bobziner Schleuse

➤ 12 / Abkühlen und relaxen am Badeplatz am Passower See

FAHRT INS PLAUE

Rundfahrt zwischen Lübz und Plau am See

Die Plawe oder Plaue war ein Platz, an dem Flößerei betrieben wurde. Heute legen edle Motorboote im lebhaften Hafen an, und das maritime Flair lockt allerhand Touristen nach Plau am See. Indessen erleben wir regelrechte Einsamkeit, während wir übers weite Land rollen.

Vom Bahnhof zum Stadtplatz Lübz

Der 1 / Bahnhof Lübz hat schon bessere Zeiten erlebt. Wenigstens verkehren in der Saison Züge von und nach Hagenow-Stadt sowie Plau am See, jedoch nur freitags, samstags, sonntags und an Feiertagen. Wer mit dem eigenen Fahrzeug nach Lübz kommt, kann am Bahnhof kostenlos parken. Vom Bahnhof hältst du dich südwärts zur Bundesstraße B 191 und überquerst sie Richtung Zentrum. Auf dem holprigen Pflaster der Goldberger Straße mit ihren typischen Zie-

49 Kilometer
160 Höhenmeter
3:30 Stunden
Rundtour

CHARAKTER

Sportlich ●●○○○
Abkühlung ●●○○○
Schlemmen ●●●●●
Panorama ●●●○○

TOURENINFO / Eine einfache Rundfahrt, bei der großteils wenig befahrene Landstraßen genutzt werden. In Plau am See musst du auf viele Fußgänger achten. Auf dem Rückweg gibt es ein paar breite Waldwege, die nicht asphaltiert, aber leicht befahrbar sind. Badesachen für den Abschluss nicht vergessen!

◄ links / Plau am See: Blick vom Alten Wall über die Müritz-Elde-Wasserstraße auf die St.-Marien-Kirche

gelhäusern rollst du zur Mühlenstraße, die dich zur Schleuse Lübz führt. Die Boote auf der Müritz-Elde-Wasserstraße überwinden hier einen Höhenunterschied von 3,20 m. Nachdem du die historische Hubbrücke passiert hast, erreichst du den reizvollen 2 / Stadtplatz Lübz mit dem spätromanischen Amtsturm, der das Stadtmuseum beherbergt. Der 23,70 m hohe Rundturm ist ein Rest der Eldenburg, die im frühen 14. Jh. erstmals erwähnt wurde. Seine Mauern sind 2,20 m dick.

Auf dem Radweg T 26 nach Schlemmin

HUBBRÜCKE PLAU AM SEE

Das große mechanische Wunderwerk ist über 100 Jahre alt und funktioniert bis heute wie am ersten Tag. Die Brücke kann etwa 1,60 m emporgehoben werden.

Gegenüber vom Rathaus, direkt vor der VR Bank, geht's nach rechts, über eine hölzerne Brücke und sofort links am weißen Geländer entlang. So triffst du auf den Radweg T 26. Am Ende der Straße Hintere Wohrte biegst du rechts ab, danach links Richtung Ganzlin. Der Radwegweiser „Plau am See 19 km" hilft. Eine Linden- und Kastanienallee führt dich von Lübz nach Benzin, wo ein Kriegerdenkmal sowie eine Bücherzelle auffallen. Unser Radweg ist nun mit „Kritzow 3,0 km" ausgeschildert. Wieder spenden Alleebäume Schatten. In Kritzow vertraust du dem Wegweiser „Schlemmin 2,0 km".

Übers weite Land nach Plau am See

In Schlemmin ist nicht viel los, doch gerade deshalb ist Aufmerksamkeit geboten: Wir verlassen den Radweg T 26 und folgen stattdessen dem Radweg Nr. 7 mit Ziel Plau am See! Nach einer schönen Waldpassage erblickst du in der Ferne die Plauer St.-Marien-Kirche. Wo unsere Straße in eine andere einmündet, befindet sich der 3 / Kleine Rastplatz am Gallenberg. Wir verlassen uns auf das Straßenschild „Plau am See 2 km". Nach einer Rechtskurve näherst du dich einer breiten Straße, biegst links und sofort rechts ab. Du über-

---

➤ **rechts oben / Noch geht's recht ruhig zu: Mole und Leuchtturm Plau am See im Frühjahr**

KM 21,0

Wer am 6 / Hafen und Leuchtturm Plau am See flaniert, muss keinesfalls hungern. Zahlreiche Restaurants, Cafés und Fischimbisse laden zum Schlemmen ein. Der Fischereihof der Müritzfischer befindet sich gleich neben dem Anleger der Fahrgastschifffahrt. Im Laden kannst du fangfrischen Fisch und viele Sorten Räucherfisch kaufen.

SCHLOSS PASSON

Bevor du die letzten Kilometer nach Lübz zurücklegst, solltest du dir Schloss Passow ansehen. Die architektonisch interessante Anlage liegt südlich der Ortsmitte.

querst die Müritz-Elde-Wasserstraße und fährst gleich nach der Brücke rechts. Entlang des Wassers rollst du schnell und bequem zur 4 / Schleuse Plau am See.

Sehenswürdigkeiten in Plau am See

Willst du schöne Fotos machen? Schließe dein Bike bei der Schleuse an und gehe über die Brücke. Vom Alten Wall bieten sich tolle Motive. Und wenn du dein Rad einmal abgestellt hast, kannst du auch gleich einen Abstecher in die Altstadt machen. Über die Mühlenstraße und die Kirchgasse kommst du zum Kirchplatz mit der überragenden St.-Marien-Kirche. Die bereits Ende des 13. Jh. vollendete Hallenkirche westfälischen Typs zeigt eine Mischung romanischer und gotischer Bauelemente. Der langgestreckte Marktplatz mit vielen schönen Häusern schließt sich unmittelbar an den Kirchplatz an. Zurück zur Schleuse: Mit dem Fahrrad geht's weiter entlang des Wassers bis zur 5 / Historischen Hubbrücke, dann in Richtung „Fahrgastschifffahrt" und schließlich zum 6 / Hafen und Leuchtturm Plau am See. Von der 8 m hohen Aussichtsplattform des Leuchtturms

bietet sich ein wundervoller Blick über den Plauer See, den Hafen und die Stadt (Apr.-Okt. tgl., sonst nur Fr-So geöffnet). An der 5 / Historischen Hubbrücke setzt sich unsere Tour fort: Du folgst der Großen Burgstraße zum 7 / Burgplatz. Der Burgturm, einzig erhaltener Teil der über 700 Jahre alten Anlage sowie das Burgmuseum können getrennt besichtigt werden. Infos zu den Ausstellungen und Öffnungszeiten findest du unter www.burgmuseum-plau.eu.

Für eine Kaffeepause nach Daschow
Gegenüber der Plauer Burg fährst du in die gepflasterte Mauerstraße, an der sich hübsche kleine Wohnhäuser aufreihen. Bei erster Gelegenheit biegst du rechts ab (hölzerne Poller), querst hinter der Feuerwehr die Töpferstraße sowie die Schulstraße und folgst dem Radweg T 26 in die Klitzingstraße. Vor dem Bahnhof hältst du dich links und bei der ehemaligen Bahnhofsgaststätte rechts. Nach dem Bahnübergang nimmst du die zweite Abzweigung rechts – Radwegweiser „Plauerhagen 5,0 km". Dort angekommen folgst du der Quetziner Straße, hältst dich beim Kriegerdenkmal links nach Kuppentin und übersiehst keinesfalls das Naturdenkmal Blüchereiche und die schöne 8 / Dorfkirche Plauerhagen. Den Ort verlässt du

BOB-ZINER SCHLEUSE

Mit einer Hubhöhe von 6,80 m ist sie die tiefste Schleuse in Meck-Pomm. Das ehemalige Wasserkraftwerk nebenan profitierte vom starken Gefälle der Elde. Es beherbergt ein interessantes Museum (geöffnet jeden zweiten Sonntag im Monat, www.museumwkw-bobzin.com).

◄ **links / Der mittelalterliche Amtsturm ist das Wahrzeichen der Stadt Lübz** ▲ **oben / Die Dorfkirche Plauerhagen wurde in ländlicher Fachwerkbauweise errichtet**

westwärts und nutzt alsbald den Radweg neben der Straße. In Daschow rollst du auf Betonpflaster geradeaus bis zum 9 / Schlosscafé Daschow. Hier kannst du donnerstags bis sonntags von 12 bis 17 Uhr in gepflegtem Ambiente Kaffee trinken und hausgemachten Kuchen genießen.

Zur alten Dorfkirche von Daschow

Vom Gutshaus Daschow geht's zurück zur abbiegenden Hauptstraße und nach rechts. Schnell erreichst du Kuppentin, wo du auf der gepflasterten Hauptstraße nach rechts fährst und bei der 10 / Dorfkirche Kuppentin stoppst. Bereits 1235 urkundlich erwähnt, gehört das Gotteshaus zu den ältesten Dorfkirchen Mecklenburgs. Im benachbarten Gebäude befindet sich ein kleines Museum zur Dorfgeschichte (geöffnet nach Voranmeldung, www.museum-kuppentin.de).

ORIGINAL DDR-SOFTEIS

Appetizer oder Dessert: In der Eisdiele am Lübzer Amtsturm gibt es leckeres „DDR-Softeis" – natürlich frisch hergestellt! Nebenan befindet sich eine E-Bike-Ladestation.

An der Müritz-Elde-Wasserstraße

Auf dem Radweg T 26 fährst du nun Richtung „Passow 6,5 km". Im Wald triffst du auf die Müritz-Elde-Wasserstraße. Unmittelbar vor der Brücke folgst du dem Rad weg T 26 nach rechts

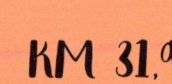

KM 31,9

Das etwa 150 Jahre alte Gutshaus Daschow ist heute ein schickes Hotel. Zu ihm gehört das 9 / Schlosscafé Daschow. Ob drinnen im Gutshaus oder auf der Terrasse mit Blick in den gepflegten Gutspark am See: Hier lässt es sich aushalten! Auf einem ausgewiesenen Rundweg kannst du sehr schön um den See spazieren.

und radelst längere Zeit an der Wasserstraße. Nachdem du die Bungalowsiedlung Eldekanal hinter dir gelassen hast, entfernt sich der Radweg vom Wasser. Nach etwa 500 m biegst du links ab und machst einen Abstecher zur 11 / Bobziner Schleuse.

Eine Badepause kurz vorm Schluss

Zurück von der Schleuse, benutzt du erneut den Radweg T 26. In Weisin biegst du links ab. Beachte die kleine Dorfkirche und das ehemalige Gutshaus gegenüber, bevor du Richtung Passow strampelst. Dort biegst du bei den Garagen links ab Richtung „Naturbad Passow". Der 12 / Badeplatz am Passower See ist sehr gepflegt, im Sommer gibt es einen Imbiss. Nach der Rast radelst du zurück zu den Garagen, fährst links und zur Hauptstraße. Der Straßenradweg bringt dich nach Lübz. Dort biegst du rechts in die Molkereistraße ab – ein Schild weist auf den 1/ Bahnhof Lübz hin.

◀ **links / Das Schloßcafé Daschow lädt zu Kaffee und Kuchen ein** ▲ **oben / Um den kleinen Daschower See führt ein lohnender Spazierweg**

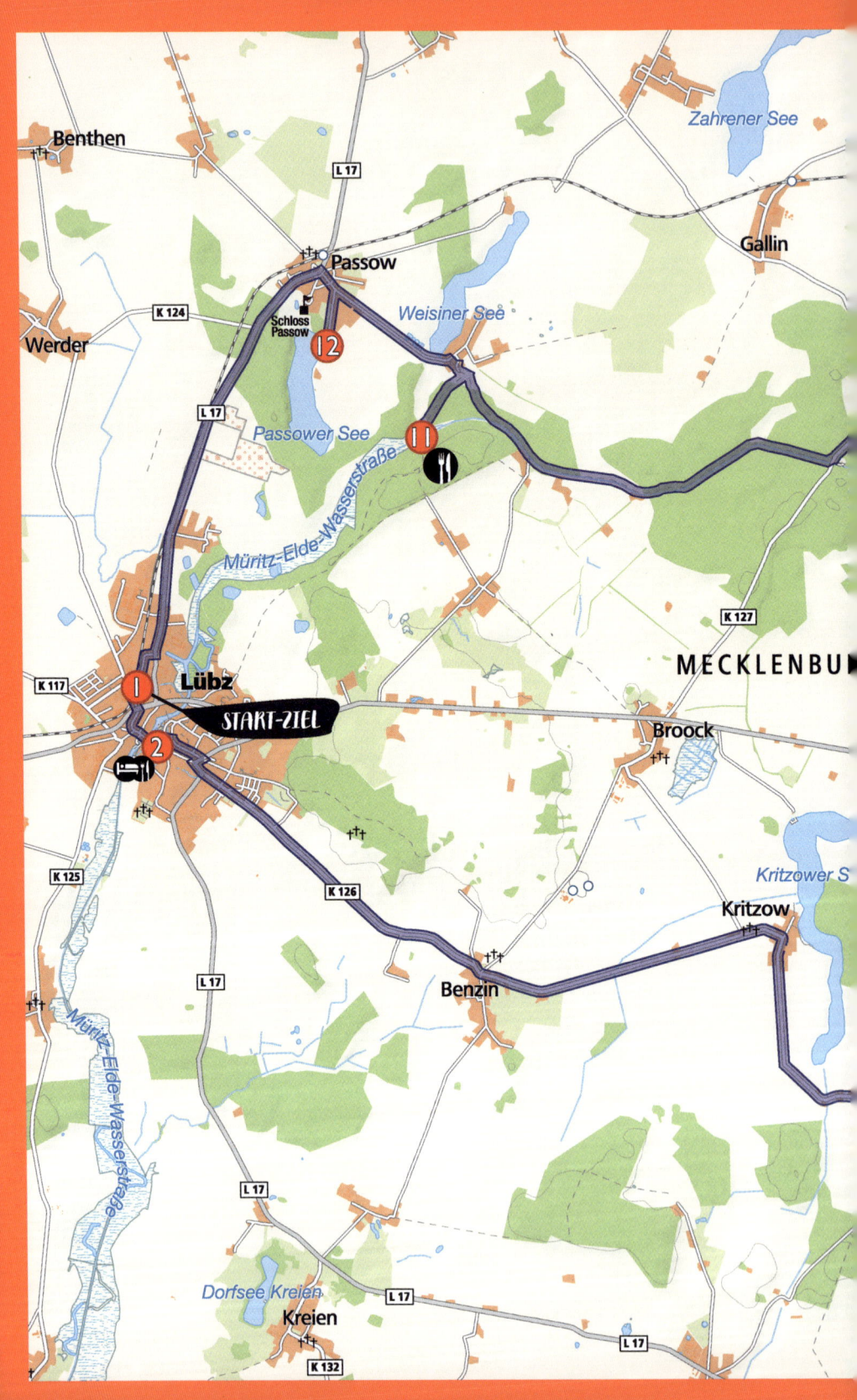

TOUR 10

START / ZIEL
Bahnhof Lübz

HINKOMMEN
Auto / Kostenloser Parkplatz am Bahnhof, Molkereistraße 35, 19386 Lübz **ÖPNV /** Bahnhof Plau am See: Zugverkehr zwischen April und September freitags, samstags, sonntags und an Feiertagen – Züge von/nach Hagenow-Stadt und Plau am See
➤ **1 /** Bahnhof Lübz ➤ **2 /** Stadtplatz Lübz ➤ **3 /** Kleiner Rastplatz am Gallenberg ➤ **4 /** Schleuse Plau am See ➤ **5 /** Historische Hubbrücke ➤ **6 /** Hafen und Leuchtturm Plau am See ➤ **7 /** Burgplatz ➤ **8 /** Dorfkirche Plauerhagen ➤ **9 /** Schlosscafé Daschow ➤ **10 /** Dorfkirche Kuppentin ➤ **11 /** Bobziner Schleuse ➤ **12 /** Badeplatz am Passower See

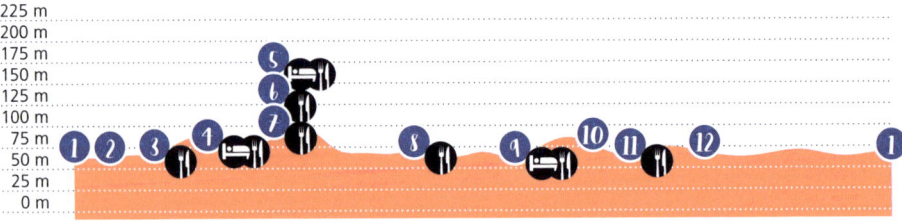

WENIGER IST MEHR

Ich rate dir, entweder den Bärenpark oder das Agroneum zu besichtigen. So wird der Tag etwas entspannter und du hast auch Zeit für die anderen Highlights.

➤ **1 /** Der Parkplatz Quetziner Straße (kostenfrei) ist Startpunkt

➤ **2 /** Strandbad Plau am See: Hier kannst du später schwimmen

➤ **3 /** Seeluster Strand: Wie wär's mit dem ersten Bad des Tages?

➤ **4 /** Ruhe dich an der Badestelle Dresenower Mühle etwas aus

➤ **5 /** Die Flammkuchen am Campingplatz Bad Stuer verkosten…

➤ **6 /** …oder Fisch von der Forellenzucht Vordermühle probieren

➤ **7 /** Im Bärenwald Müritz finden Braunbären eine neue Heimat

➤ **8 /** Pause am Strand beim Aufgang zur Fachwerkkirche Zislow

➤ **9 /** Plane eine längere Badepause am Lenzer Hafen ein

➤ **10 /** Wegteilung am Meilenstein: Hier setzt die Tour 11 1/2 an

➤ **11 /** Ein Rundgang im Agroneum Alt Schwerin lohnt sich sehr

➤ **12 /** Vom Aussichtsturm Moorochse kannst Tiere beobachten

EIN TAG, EIN SEE

*Den Plauer See-Rundweg
einmal neu erfahren*

Rund um den Plauer See gibt es jede Menge Badestellen – und einen gut markierten Radweg. Hin und wieder verlassen wir ihn, um noch mehr Sehenswertes zu entdecken. Sportliche Menschen radeln gleich noch um die Halbinsel Werder oder wandern.

Der Plauer See-Rundweg (PSR)

Der Plauer See-Rundweg, abgekürzt PSR, ist beinah lückenlos beschildert. Deshalb verzichten wir auf ausführliche Wegbeschreibungen, sofern der Wegverlauf eindeutig ist.

„Anbaden" am Seeluster Strand

Ausgangs- und Endpunkt der Tour ist der 1 / Parkplatz Quetziner Straße (kostenlos) in Plau am See. Überquere vorsichtig die nahe Bundesstraße und

49 Kilometer
240 Höhenmeter
3:30 Stunden
Rundtour

CHARAKTER

Sportlich ●●●●○
Abkühlung ●●●●●
Schlemmen ●●●●●
Panorama ●●●●○

TOURENINFO / Der Plauer See-Rundweg ist durchgehend gut markiert und beschildert. Wir bewegen uns auf asphaltierten Straßen und Radwegen, aber auch auf Naturwegen. Wer die vielen Bademöglichkeiten nutzt, im Bärenwald Müritz und in Zislow spaziert und vielleicht auch noch die „halbe Tour" anschließt, braucht viel Zeit und gute Kondition.

◄ **links / Maritimes Feeling: Der Plauer See ist der drittgrößte in Meck-Pomm – wir umrunden ihn an einem Tag**

folge ihrem Radweg nach rechts. Oberhalb vom Hafen, der unser Ziel auf der Tagestour 10 ist, überquerst du die Müritz-Elde-Wasserstraße. Am Straßenabzweig „Plau am See-Plötzenhöhe" verlässt du die Bundesstraße: Du biegst links ab und folgst dem Radwegweiser Richtung Röbel. Bis zum 2 / Strandbad Plau am See radelst du neben der wenig befahrenen Straße, danach geht's in Ufernähe weiter und über den Campingplatz Zuruf. Ab der Bronzestatue „Coriolan" des Bildhauers Wilhelm Wandschneider verläuft der PSR für längere Zeit am Seeufer. Der 3 / Seeluster Strand bietet sich fürs erste Bad an. Falls du auch schon Hunger hast, kannst du am Imbiss "StrandGUT" eine Bratwurst verdrücken.

Im Wald auf dem „Seeluster Trail"

Bis zur Reha-Klinik Silbermühle, wo es die nächste Badestelle gibt, folgst du dem Seeufer. Danach verläuft der PSR unter der Bezeichnung „Seeluster Trail" durch Wald. Nachdem du die „Bürgertannen" und das „Vierschen Holz" hinter dir gelassen hast, kommst du zu einem großen Parkplatz. Hier ist der 4 / Zugang zur Badestelle beim Seerestaurant Dresenower Mühle. Der Strand mit großer Liegewiese gehört zum Ferienpark Seedorf Ganzlin (www.seedorf-ganzlin.de) und ist frei zugänglich.

DER IDYLLISCHE SUCKOWER SEE

Ein kurzer Abstecher zum Suckower See lohnt sich. Achte auf den Abzweig etwa 2,4 km hinter Bad Stuer. Wichtig: Unbedingt zu Fuß gehen – Naturschutzgebiet!

Über Bad Stuer zum Bärenwald Müritz

Bis zum 5 / Campingplatz Bad Stuer (www.campingplatzbadstuer. de) radelst du weiter durch schattigen Wald. Der Imbiss „Kneipp-Bar" lockt hungrige Radler mit Flammkuchen an. Ob du widerstehen kannst? Kurz hinterm Campingplatz vertraust du dem Radwegweiser „Alt Schwerin 19,0 km / Röbel (Müritz) 30,0 km". Achtung, du musst scharflinks abbiegen! So rollst du in den kleinen Ort Bad Stuer hinein. Schon nach wenigen Metern zweigt rechts der Kulturhistorische Wanderweg Bad Stuer ab, der durch das schöne Tal der Eisvögel verläuft. Da hier eine Radweg-Markierung vorhanden ist, nutzen wir den Wanderweg unter Rücksicht auf Fußgänger. Er endet bei der 6 / Forellenzucht Vordermühle, wo die Räucherei von

> rechts oben / Fast wie am Meer: Der Seeluster Strand am Plauer See

3.000.000

Kubikmeter Wasser sind im Plauer
See. Mit einer Fläche von 38 km²,
einer Uferlänge von 57 km und
einer Tiefe von bis zu 25 m ist er der
drittgrößte See in Mecklenburg-Vorpommern und der siebtgrößte in
Deutschland. Die Wasserqualität gilt
als ausgezeichnet, der Plauer See ist
fischreich, und seltene Vogelarten
haben hier ihr Zuhause.

PFAD DER SCHLAFENDEN STEINE

Infos zu dieser kurzen Wanderung hält das Heimathaus Zislow bereit. Sie führt auch zum Zislower Aussichtsturm. Der Ausblick vom Turm ist hervorragend.

Fischer Mütze zu einer Vesper einlädt (Di-So 9-17 Uhr, Mo Ruhetag, www.ferienhaus-baerenwald.de/angelteiche-stuer.html). Die Fischerei ist auch offizieller „Hintereingang" zum Bärenwald, allerdings werden hier keine Online-Tickets akzeptiert! Bitte beachten: Von der Vordermühle fahren wir auf jeden Fall auf dem Asphaltsträßchen entlang des Zauns bergan bis zur zweispurigen Straße, die von einem Radweg begleitet wird. Wenn du nach rechts fährst, erreichst du nach etwa 300 m den 7 / Haupteingang zum Bärenwald Müritz – nach links setzt sich unsere Runde fort.

Angenehme Naturpartie bis Zislow

Vom Radweg, auf dem du in nordwestliche Richtung fährst, biegst du links ab in eine Fahrradstraße. Nach kurzer Talfahrt kommst du am nördlichen Ortsende von Bad Stuer heraus und folgst dem PSR nach rechts. Mal auf schmalem Pfad, mal auf breiterem Weg, meist durch schattenspendenden Wald und immer in Nähe des Seeufers – so rollst du genüsslich bis zum 8 / Aufgang zur Fachwerkkirche Zislow, der sich hinter dem Badestrand befindet. Schließe dein

Bike an und gehe die Treppen hinauf zum sehenswerten kleinen Gotteshaus. Historiker vermuten, dass sich an dieser Stelle ein germanischer Kultplatz befunden hat. Wenn du auf der Seestraße weitergehst, kommst du zum Heimathaus, in dem sich die Tourist-Information und eine Ausstellung zur Ortsgeschichte befinden (geöffnet Mo-Fr 10-13 Uhr).

Von Zislow zum Lenzer Hafen…

Die nächste Etappe des PSR führt dich nordwärts vorbei an der Marina Zislow, entlang zweier Campingplätze zur Marina Zwei Seen. Es folgt ein schöner Naturabschnitt: Auf oft schmalem Pfad geht's mit etwas Auf und Ab zum Lenzer Badestrand und zum 9 / Lenzer Hafen. Eisappetit? Besuche das Eiscafé Strandperle. Großer Hunger? Von deftiger Hausmannskost berichten Gäste der Hafengaststätte. Die einst beliebte Ausflugsgaststätte Lenzer Krug war 2023 leider geschlossen.

…und weiter zum Meilenstein

Hinterm Lenzer Krug hältst du dich links. Auf dem PSR radelst du weiter am Ufer des Plauer Sees. Beim Naturcamping Malchow triffst du auf ein asphaltiertes Fahrsträßchen und vertraust der Beschilde-

KM 13,1

In Westeuropas größtem Bärenschutzzentrum leben Braunbären, die aus Zoos, Zirkussen und privaten Haltungen gerettet wurden. Sie sind auf menschliche Hilfe angewiesen und können nicht mehr ausgewildert werden. Infos und Öffnungszeiten: www. baerenwald-mueritz.de

◄ links / Der Plauer See-Rundweg ist fast überall gut markiert ▲ oben / Am Karower Meiler lohnt sich ein Rundgang durch das Besucherzentrum des Naturparks Nossentiner/Schwinzer Heide

rung Richtung Alt Schwerin. Das buckelige Sträßchen trifft nach leichtem Anstieg auf die B 192. Du nutzt den Radweg links der Bundesstraße und fährst weiter Richtung Alt Schwerin. Bitte beachte die 10 / Wegteilung am Meilenstein: Hier beginnt unsere „halbe Tour" – siehe Seite 102.

Landwirtschaft trifft Naturlandschaft

Wenn du die „halbe Tour" nicht in Angriff nehmen willst, verlässt du den PSR und folgst weiter dem Radweg der Bundesstraße bis zum 11 / Agroneum Alt Schwerin. In diesem ausgezeichneten landwirtschaftlichen Museum kann man locker

KAROWER MEILER

Das sehenswerte Besucherinformationszentrum des Naturparks Nossentiner/Schwinzer Heide befindet sich direkt am Plauer See-Rundweg und ein Stopp hier lohnt sich.

ein paar Stunden verbringen. Vom Agroneum geht's noch ein Stück entlang der Bundesstraße. Vorm Ortsende biegst du links ab in die Kastanienallee. Schenke der Anfang des 14. Jh. erbauten Dorfkirche Beachtung, bevor du vorm Dörpladen rechts abbiegst. Du radelst zur Siedlung Am Waldeck, wo es eine beschilderte Kreuzung gibt: „Plau am See 13,0 km" ist die richtige Richtung. Auf Schotter und Sand holperst du oberhalb des Sees und der Feriengrundstücke dahin. Bei einer Infotafel nahe der B 192 fährst du nach links und bald darauf neben der Bundesstraße. Für den zeitweiligen Straßenlärm entschädigt der Ausblick auf den See. Der

KM 33,5

Das 11 / Agroneum Alt Schwerin ist ein einzigartiges Museum zur Guts- und Landwirtschaftsgeschichte Mecklenburgs. Neben den Erlebniswelten wie Feldbestellung, Viehwirtschaft oder Hoftechnik erwartet die Besucher ein Hofladen und das Restaurant Pott un Pann. Mrz-Okt Mi-So 10-18 Uhr / www.agroneum-altschwerin.de

Zugang zum 12 / Aussichtsturm Moorochse ist beschildert. Vom Turm bietet sich ein interessanter Blick auf den sumpfigen Uferbereich des nordwestlichen Plauer Sees. Hier leben besonders viele Vögel und es gibt gute Chancen, Fischadler zu beobachten.

Die letzte Etappe bis Plau am See

Nach dem Exkurs radelst du wieder neben der Bundesstraße und triffst auf den Karower Meiler. Dann folgst du etwa 3 km dem Radweg an der B 103. Die Richtung Plau am See steht fest. Nach der Schauimkerei Bode kommst du zum Gasthof und Hotel Heidekrug. Dort verlässt du die Bundesstraße und nutzt einen Wanderweg, der links abzweigt. Danach verläuft der PSR durch eine Wohn- und Feriensiedlung, streckenweise auch durch Wald bis zur schönen Badestelle am Quetziner Hafen. Nutze die gute Gelegenheit für eine letzte Abkühlung, denn bis Plau am See sind es laut Radwegweiser nur noch 4,8 km.

❮ links / Das Agroneum Alt Schwerin ist ein sehenswertes landwirtschaftliches Museum ︿ oben / Pause: Im Dörpladen Alt Schwerin mit Imbiss sind Biker herzlich willkommen

INSELFEELING

Zur *Fischerei Alt Schwerin* und um die *Halbinsel Werder*

14 Kilometer
80 Höhenmeter
80 Höhenmeter
1:00 Stunden
Streckentour

Du hast noch nicht genug Wasser gesehen? Du brauchst noch ein paar Radkilometer und Schwimmzüge? Du bist echt noch nicht ausgepowert? Dann steigere dein Erlebnis! Die Verlängerung der Plauer Seerundfahrt zur Fischerei Alt Schwerin und um die Halbinsel Werder wird dir gefallen, wenn du Wald und Wasser liebst.

An der 13 / Wegteilung am Meilenstein folgst du dem Plauer See-Rundweg (PSR) in Richtung Jürgenshof. Nach kurzer Strecke übers Land erreichst du den kleinen Ort. Ein Stopp am hübschen 14 / Hafen Jürgenshof, danach fährst du nordwestwärts durch die Wohnsiedlung bis zum Spielplatz.

Auf Abwegen zur Fischerei Alt Schwerin

Aufgepasst: Jetzt verlässt du den beschilderten Radweg, indem du links abbiegst. Halte dich danach sofort rechts zum Herrenhaus Jürgenshof. Hinter einem kleinen Parkplatz biegst du rechts ab in eine Sackgasse, an deren Ende du links fährst. Trage dein Bike über ein paar Treppenstufen und radle dann vorsichtig auf dem schmalen Uferpfad bis Wendorf, wo eine Einkehr in der 15 / Fischerei Alt Schwerin ungeschriebenes Gesetz ist. Dass die deftigen, traditionellen Fischgerichte lecker sind, ist kein Geheimnis. Deshalb solltest du nicht ohne Reservierung ankommen und etwas Zeit einplanen (www.fischerei-alt-schwerin.de).

Landvergnügen, ganz wie's beliebt

Gut gestärkt folgst du beim Fischteich dem Betonpflasterweg. Bald steht links am Fahrweg ein altes Fahrrad mit Werbung für die Fischerei. An dieser Stelle vertraust du dem Wegweiser „Plauer Werder". Nach Überqueren der Brücke biegst du links ab und fährst in den für den Durchgangsverkehr gesperrten Weg mit dem kuriosen Zusatz „Frei für Landvergnügen!" Am Zaun der Forellenzucht entlang, dann bleibst du immer auf dem Seeuferpfad. An der Südost-

seite der Halbinsel Werder gibt es mehrere „wilde" Badestellen, wo teilweise nackt gebadet wird. Ein 16 / kleiner „wilder" Badeplatz ist als Wegpunkt im GPX-Track hinterlegt.

Vom „wilden" Strand zum Gipfelkreuz

Nachdem du die Südspitze der Halbinsel Werder in etwas Abstand zum See umrundet hast, strampelst du aufs westliche Steilufer hinauf und oberhalb des Inselcampings Werder nordwärts. Bleib solange „oben auf", bis der Campingplatz endet, und nimm dann das Asphaltsträßchen. Der 17 / Seezugang am Westufer der Halbinsel Werder ist in vielen Karten als Badestelle eingezeichnet, jedoch etwas ungepflegt. Radle weiter zum 18 / Ferienpark Plauer See. Beim Restaurant Tulpenbaum beginnt deine Auffahrt zum 19 / Werder Gipfelkreuz, wo sieben Wege aufeinandertreffen.

Abfahrt zur Feriensiedlung Waldeck

Aus ankommender Sicht nimmst du den ersten Weg nach links und fährst über die breite Schneise hinweg nach Norden. Etwa 300 m sind es bis zur nächsten Kreuzung, an der sich fünf Wege treffen. Du strebst praktisch geradeaus, triffst wieder auf die Asphaltstraße und folgst ihr zum alten Fahrrad mit der Werbung. Jetzt nimmst du den Uferweg nordwärts zur Feriensiedlung Waldeck. Hinterm Bootshafen strampelst du kurz steil bergan zur 20 / Kreuzung Waldeck, wo sich die Tour 11 fortsetzt.

TOURENINFO / Sportliche Verlängerung der Tour 11 auf teilweise schmalen Pfaden. An einer Stelle musst du dein Bike über ein paar Treppenstufen tragen. Tolle Einkehrmöglichkeit!

∧ oben / Herrlicher Naturweg an der Ostseite der Halbinsel Werder

Tour 11

START / ZIEL

Parkplatz Quetziner Straße (kostenfrei)

HINKOMMEN

Auto / Quetziner Straße, 19395 Plau am See

ÖPNV / Bahnhof Plau am See: Zugverkehr zwischen April und September freitags, samstags, sonntags und an Feiertagen – Züge von/nach Hagenow-Stadt und Plau am See

▶ **1** / Parkplatz Quetziner Straße (kostenfrei) ▶ **2** / Strandbad Plau am See ▶ **3** / Seeluster Strand ▶ **4** / Zugang zur Badestelle beim Seerestaurant Dresenower Mühle ▶ **5** / Campingplatz Bad Stuer ▶ **6** / Forellenzucht Vordermühle ▶ **7** / Haupteingang zum Bärenwald Müritz ▶ **8** / Aufgang zur Fachwerkkirche Zislow ▶ **9** / Lenzer Hafen ▶ **10** / Wegteilung am Meilenstein ▶ **11** / Agroneum Alt Schwerin ▶ **12** / Aussichtsturm Moorochse

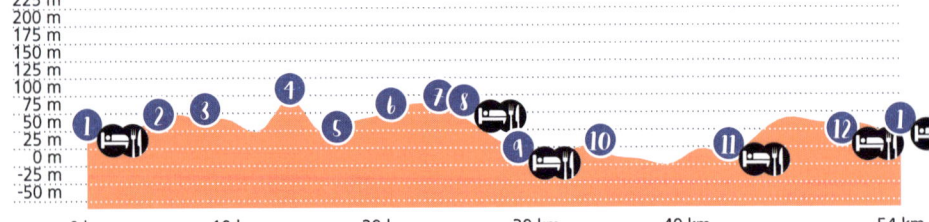

AUS EINS MACH ZWEI

Ich radle diese Tour gern an einem Tag, aber sie eignet sich auch für zwei. Wer es richtig nobel mag, gönnt sich eine Nacht im Schlosshotel Burg Schlitz.

➤ **1 /** Am Ende der Tour beim Schloss Ulrichshusen Abendessen

➤ **2 /** In der „Kastanie" nahe beim Gutshaus Moltzow frühstücken

➤ **3 /** Zufahrt zum Gutshaus Klocksin: Dahinter liegt der Flache See

➤ **4 /** Den morbiden Charme von Schloss Vollrathsruhe erleben

➤ **5 /** Entdecke Gesteine im Findlingsgarten Schloss Grubenhagen

➤ **6 /** Über den Zaun einen Blick aufs Gutshaus Barz erhaschen

➤ **7 /** Vom Röthelberg über die Mecklenburgische Schweiz blicken

➤ **8 /** Berühmt: Der Nymphenbrunnen beim Schlosshotel Burg Schlitz

➤ **9 /** Mache eine Pause im sehenswerten Örtchen Schorssow

➤ **10 /** Taubenhaus, Mausoleum und Kirche in Bristow ansehen

➤ **11 /** Bummeln im herrlichen Lenné-Park von Schloss Basedow

➤ **12 /** Im Hotel Gut Ulrichshusen nächtigen und Wellness genießen

HERRSCHAFTSZEITEN!

Die große Tour der Schlösser und Gutshäuser

Herrschaftliche Anwesen sind typisch für Mecklenburg. Besonders viele gibt es rund um den Malchiner See, darunter die großartigen Schlösser Basedow und Ulrichshusen. Neben den berühmten Bauwerken entdecken wir auf unserer ArchitekTour weniger bekannte Gutshäuser.

54 Kilometer
470 Höhenmeter
3:45 Stunden
Rundtour

Der Ausgangspunkt: Schloss Ulrichshusen

Die Rundfahrt beginnt beim 1 / Schloss Ulrichshusen am Südufer des Ulrichshusener Sees. Das dreigeschossige Hauptgebäude mit typischen Stufengiebeln gilt als eines der wichtigsten Renaissancebauwerke Mecklenburgs. Es entstand anstelle eines früheren Wasserschlosses und gehörte bis Mitte des 19. Jh. immer Mitgliedern der einflussreichen Familie von Maltzan. Ab 1945 war das Schloss Flüchtlingsquartier, nach 1976 stand es leer und verfiel, 1987 brannte es teilweise

CHARAKTER
Sportlich ●●●●●
Abkühlung ●●○○○
Schlemmen ●●●○○
Panorama ●●●●●

TOURENINFO / Aufgrund ihrer Länge und etlicher Höhenmeter eine sportliche Tour. Der Untergrund wechselt öfters, Asphalt überwiegt jedoch. Da es wenig Schatten gibt, empfiehlt sich die Tour für kühlere Tage. Baden kann man an nur zwei Stellen.

◄ links / Basis unserer Tour ist das Schloss Ulrichshusen, das als Hotel genutzt wird

nieder. Infolge der Deutschen Wiedervereinigung kaufte die Familie von Maltzan die Ruine und ließ das Schloss wiederaufbauen. 2001 begann der Hotelbetrieb; im ehemaligen Pferdestall befindet sich jetzt das Restaurant Am Burggraben. Mehr Infos findest du unter www.ulrichshusen.de.

Von Ulrichshusen nach Moltzow

Beim Restaurant Am Burggraben folgst du dem Radwegweiser Richtung Waren (Müritz). Am Ortseingang Rambow biegst du links ab und nutzt die Straße nach Moltzow (nach rechts wäre ein kurzer Abstecher zur Kirche Rambow mit der Schwedengruft möglich). In Moltzow zweigst du inmitten landwirtschaftlicher Anlagen rechts ab. Hinter den Stallanlagen erblickst du das 2 / Gutshaus Moltzow, das Mitte des 19. Jh. im Auftrag von Wilhelm von Maltzan errichtet wurde und sich wieder in Familienbesitz befindet. Es zeigt typische Elemente der englischen Tudor-Gotik.

DIE DORFKIRCHE KIRCH GRUBENHAGEN

Die eindrucksvolle Dorfkirche geht auf das frühe 13. Jh. zurück. Die Ecken des Chores dominieren große, farbig gefassten Epitaphe für zwei verstorbene Herren von Maltzan.

Über Klocksin nach Vollrathsruhe

Vom Gutshaus fährst du auf der Moltzower Dorfstraße zur Bundesstraße. Das empfehlenswerte Bistro „Kastanie" serviert leckeres Frühstück und Mittagessen (www.bistro-kastanie.de). Am Regiomaten um die Ecke kann man heimische Produkte kaufen. Überquere die Bundesstraße, biege bei nächster Gelegenheit rechts ab und fahre zur 3 / Zufahrt zum Gutshaus Klocksin, das Mitte des 19. Jh. im spätklassizistischen Stil errichtet wurde. Auf Betonplatten schaukelst du westwärts aus Klocksin hinaus, dann zweigst du rechts ab auf den Straßenradweg und an der folgenden Kreuzung links auf die Straße nach Vollrathsruhe. In Groß Rehberg gibt es keinen Grund anzuhalten; in Kirch Grubenhagen biegst du links ab nach Vollrathsruhe. Zum Aussichtsturm Vollrathsruhe strampelst du

➤ rechts oben / Schloss Basedow gilt als eine der bedeutendsten Schlossanlagen in Meck-Pomm

KM 42,7

11 / Schloss Basedow geht auf eine
Burg zurück, die im 16. Jh. zu einem
Herrenhaus umgewandelt wurde.
Der letzte große Umbau erfolgte im
Stil der Neorenaissance. Zwischen
1835 und 1852 legte der berühmte
Gartenkünstler Peter Joseph Lenné
den Landschaftspark an, in den sich
die Reste der alten Burg perfekt
einfügen.

TIPP FÜR EINE ABKÜHLUNG

Nach dem 7 / Röthelberg folgst du dem Skulpturenweg nach Karstorf. Am Ortsrand befindet sich rechts der kleine Badeplatz am Stratensee.

bergan. Noch wenige Meter Straße: Linker Hand befindet sich der Hof von 4 / Schloss Vollrathsruhe. Bemerkenswert ist der Kontrast zwischen dem mächtigen Herrenhaus und dem DDR-Betonplatten-bau – beide haben schon bessere Zeiten gesehen. Dank Informationstafeln erfahren wir Einiges zum neobarocken Schlossgebäude, zur Gutsanlage und zum Park.

Eindrucksvolle Zeugen der Eiszeit

Folge nun gleich dem Wanderweg und ab dem Aussichtsturm der Straße zurück nach Kirch Grubenhagen. Dort fährst du nach links. Hinterm kleinen Teich biegst du links ab. Den sehenswerten 5 / Findlingsgarten Schloss Grubenhagen darfst du nicht verpassen; kurz darauf radelst du am klassizistischen Gutshaus vorüber, das die Familie von Maltzan in der Nähe der ehemaligen Burg Grubenhagen errichten ließ. Das in Privatbesitz befindliche Gutshaus versteckt sich hinter einer Hecke, doch im kleinen Park hinterm Findlingsgarten darf man spazieren. Dort sind auch spärliche Reste der einstigen Burg zu sehen.

Qualifikation für die Bergwertung

Schnell bist du in Klein Luckow. Dort fährst du geradeaus (Wanderweg Richtung Barz). Folge dem holprigen Feldweg bis zum Ende, danach einem Betonplattenweg nach rechts und gleich dem links abzweigenden Wanderweg Richtung Barz. An der nächsten Kreuzung vertraust du dem Radwegweiser nach Teterow. Vorbei an der Zufahrt zum privaten 6 / Gutshaus Barz (Metalltor) strampelst du erst ost-, dann nordostwärts. Die Strecke bis Görzhausen ist anspruchsvoll: Kopfsteinpflaster, Betonplatten und unbefestigte Abschnitte wechseln sich ab, zudem geht es bergauf! In Görzhausen biegst du rechts ab (Radweg Eiszeitroute und Wanderweg Richtung Karstorf). Damit folgst du einem Abschnitt des mit Kunstwerken geschmückten Skulpturenwegs Burg Schlitz-Görzhausen (www.skulpturenweg-ev.de). Der Abzweig zum fast 100 m hohen 7 / Röthelberg ist beschildert. Bei einer ausgiebigen Pause genießt du den Ausblick über die Mecklenburgische Schweiz.

Der weltberühmte Nymphenbrunnen

Weiter geht's auf dem Skulpturenweg nach Karstorf. Hier folgst du zunächst dem Radweg nach links, nimmst jedoch bei der Schranke den Privatweg mit dem Hinweis „Befahren und Reiten verboten".

KM 25,0

Beim 8 / Schlosshotel Burg Schlitz bietet sich ein Rundgang durch den verwilderten Park an. In ihm stehen mehr als 60 Denkmale aus dem frühen 19. Jahrhundert, zum Beispiel der Luise-von-Graeffe-Stein am Luisensee und der dreieckige Schillerstein.

◄ links / Einst von Gletschern transportiert: Gesteine im Findlingsgarten Schloss Grubenhagen ▲ oben / Schloss Vollrathsruhe hat schon bessere Zeiten erlebt, beeindruckend ist es dennoch

Keine Sorge: Es ist ein offizieller Radweg, das Fahrverbot gilt für Motorfahrzeuge. Die wichtigste Sehenswürdigkeit auf dem Areal des 8 / Schlosshotels Burg Schlitz (www.burg-schlitz.de) ist der weltberühmten Nymphenbrunnen von Walter Schott. Weitere Exemplare des Jugendstil-Kunstwerks gibt es im Central Park von New York, in San Francisco, in Antwerpen, im Schlosspark Gondelsheim (Karlsruhe) sowie in Berlin, wo sich einst auch der Schlitzer Brunnen befand. Das Schloss Schlitz gilt als das größte klassizistisches Herrenhaus in Mecklenburg.

Von Burg Schlitz nach Schorssow

ALTERNATIVER WEG ÜBER LIEPEN

Folge in Stöckersoll (km 44,5) der Schlössertour zur Wasserburg Liepen (www.wasserburg-liepen.de). Von dort führt eine gute Straße nach Schwinkendorf.

Rolle die Schlosszufahrt hinab zur Bundesstraße und überquere sie bei der Gaststätte Zum Goldenen Frieden. Bis Carlshof brauchst du gute Nerven und starke Arme – das Katzenkopfpflaster endet erst, nachdem du rechts abgebogen bist. Jetzt heißt es: Schussfahrt nach 9 / Schorssow!

Die drei mit B: Bülow, Bristow, Basedow

An der Feuerwache geht es weiter. Nächster Stopp ist Bülow, wo das klassizistische Gutshaus auffällt. Auch 10 / Bristow ist ein historischer Gutshof. Zur Weiterfahrt beachtest du den Radwegweiser „Wendischhagen 3,0

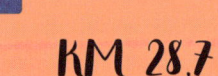

KM 28,7

In 9 / Schorssow ist die Kirchenruine aus dem 14. Jh. sehenswert. Durch ein parkähnliches Areal gelangst du zur nahen Badestelle am Haussee. Am Südufer steht das klassizistische Schloss Schorssow, an das sich ein englischer Landschaftspark anschließt. Das Schloss wird als Hotel genutzt (www.schloss-schorssow.de).

km". Kurz vorm Ort steht der Beobachtungsturm am Malchiner See. Hinter Wendischhagen folgst du der Beschilderung „Basedow 6,4 km". Am Dahmer Kanal gibt es einen kleinen Rastplatz, ab da geht's einmal mehr bergauf. An der Hauptstraße fährst du rechts – der von weitem sichtbare Aussichtsturm Basedow ist das nächste Ziel. Gegenüber vom Turm zweigt die Straße zum 11 / Schloss Basedow ab. Hier gibt es mehrere Einkehr- und Übernachtungsmöglichkeiten.

Rückfahrt nach Ulrichshusen

Nach einem Spaziergang im Lenné-Park fährst du gegenüber vom Teich in die Schlossstraße und an der Kirche vorüber. Beim Obelisken nimmst du den Randowberg in Angriff. In Stöckersoll hältst du dich beim verlassenen Bauernhaus geradeaus und fährst südwärts bis Schwinkendorf. Hier kannst du in Heidis Landmarkt einkaufen und davor rasten. Nachdem du am Ortsende die ehemalige Bahnstrecke von Waren (Müritz) nach Malchin gequert hast, biegst du sofort links ab. In Tressow fällt erst der sechseckige Stall auf, dann das schicke 12 / Hotel Gut Ulrichshusen. Von da folgst du der Beschilderung zum 1 / Schloss Ulrichshusen.

◄ links / Die Badestelle am Haussee und das Schloss Schorssow ▲ oben / Noble Herberge: Das Hotel Gut Ulrichshusen wirbt mit Welness-Angeboten und mehr

TOUR 12

START / ZIEL
Schloss Ulrichshusen

HINKOMMEN
Auto / Parkplatz beim Schloss Ulrichshusen, Seestraße 14, 17194 Schwinkendorf **ÖPNV** / Kein ÖPNV! Die An- und Abreise zu dieser Tour ist nur mit dem eigenen PKW möglich.
➤ **1** / Schloss Ulrichshusen ➤ **2** / Gutshaus Moltzow ➤ **3** / Zufahrt zum Gutshaus Klocksin ➤ **4** / Schloss Vollrathsruhe ➤ **5** / Findlingsgarten Schloss Grubenhagen ➤ **6** / Gutshaus Barz ➤ **7** / Röthelberg ➤ **8** / Schlosshotel Burg Schlitz ➤ **9** / Schorssow ➤ **10** / Bristow ➤ **11** / Schloss Basedow ➤ **12** / Hotel Gut Ulrichshusen

K 44

10 Bristow

L 20

Dahmer Kanal

Biergraben Biergraben

L 20

Basedow

Gessin

Bülow

Gutshaus Bülow

Malchiner See

SEEDORF

L 20

Mittelsee bei

Mittelsee

Langwitz

Großer Stüdsee

Schwanenteich

L 20

K 35

Lupendorf

Schwinkendorf

K 3

Rambow

Tressow

Ulrichshusen

12

START ZIEL

Börgtal

5 km

FERNGLAS MIT-NEHMEN!

Ich staune immer wieder über die vielen Wasservögel am Kummerower See und in der Großen Rosin. Mit einem Fernglas kann man sie besonders gut beobachten.

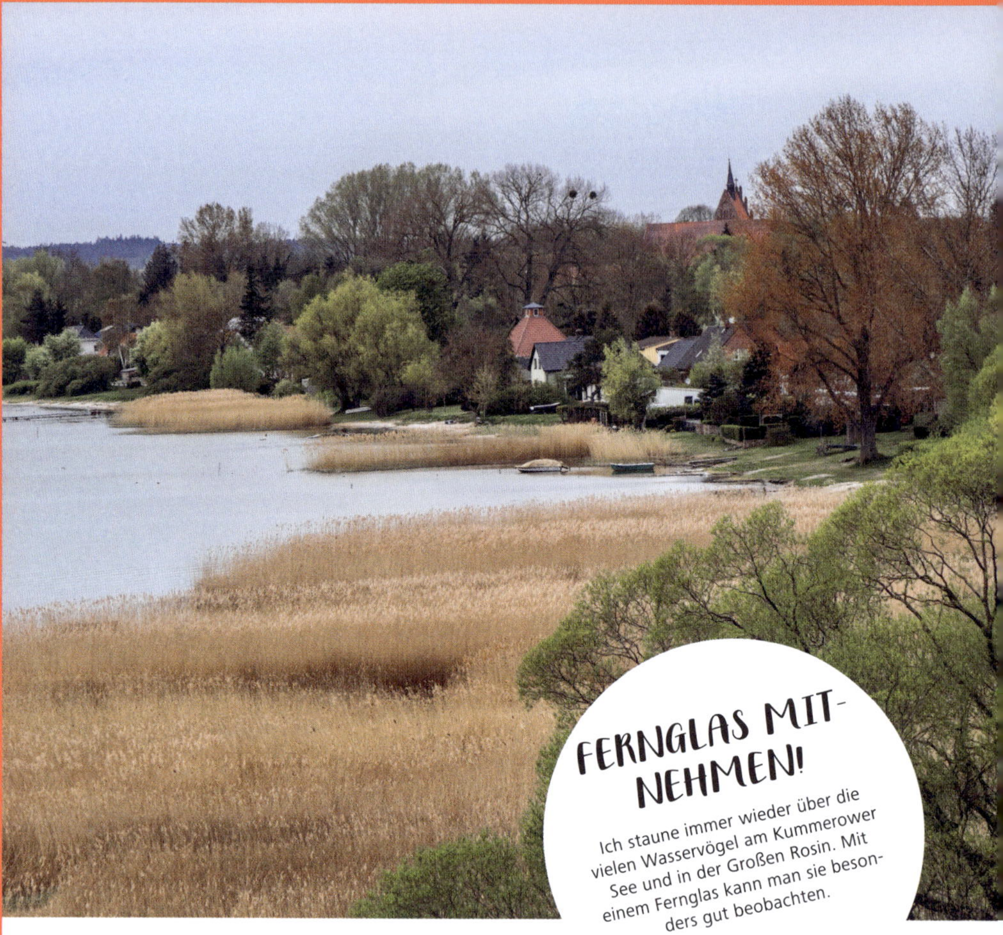

> **1 /** Am Bahnhof Malchin beginnt und endet unsere Rundfahrt

> **2 /** Die Fotografische Sammlung im Schloss Kummerow bewundern

> **3 /** Einen Blick auf das schicke Schloss Sommersdorf erhaschen

> **4 /** In der Dorfkirche Meesiger fällt der geschnitzen Altaraufsatz auf

> **5 /** Die Bleiglasfenster in der Klosterkirche St. Marien bestaunen

> **6 /** Am Badestrand Verchen in den Kummerower See eintauchen

> **7 /** Ob gebraten, geräuchert oder sauer: Aal gibt's in der Aalbude

> **8 /** Vom Aussichtsturm Neukalen Vögel in den Moorwiesen beobachten

> **9 /** Auch für Biker gut: der Wasserwanderrastpatz am Hafen Neukalen

> **10 /** Die Dorfkirche Gorschendorf nutzen wir als Orientierungspunkt

> **11 /** Verpasse nicht die 11 / Zufahrt zum Moorbauer und kehre ein

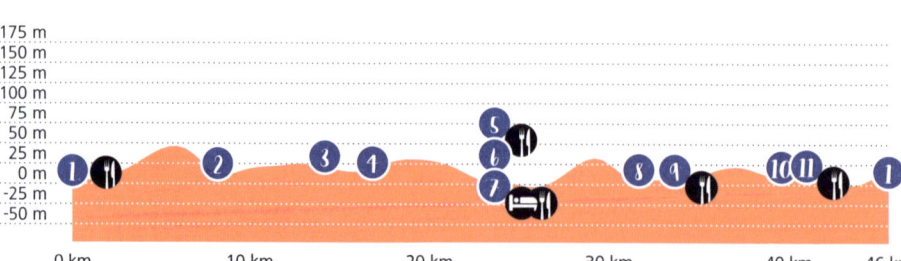

13

UNTER DEM MEERES-SPIEGEL

Der Kummerower See und die Große Rosin

Das Flusstalmoor Große Rosin liegt zum Teil unter dem Meeresspiegel, weshalb über die Peene Meerwasser hineinströmen kann. Es ist ein Paradies für Wasservögel und Menschen, die diese Tiere beobachten möchten. Achtung: Die Tour ist nur möglich, wenn die Fähre Aalbude verkehrt (etwa April bis Mitte Oktober).

Sehenswürdigkeiten in Malchin

Wo sich einst eine slawische Fischersiedlung befand, wurde vor über 800 Jahren die Planstadt Malchin angelegt. Das rasterförmige Straßennetz ist unverkennbar. Wallanlagen und Reste der Stadtmauer umschließen es kreisförmig. Zwei Stadttore sowie der Fangelturm, ein Wehrturm aus dem 15. Jh., sind gut erhalten. Sehenswert ist auch die St.-Johannis-Kirche, ihr Schmuckstück ein wertvoller Marienalter (um 1430).

46 Kilometer
260 Höhenmeter
3:15 Stunden
Rundtour

CHARAKTER

Sportlich ●●●○○
Abkühlung ●●●○○
Schlemmen ●●●●○
Panorama ●●●●○

TOURENINFO / Die meiste Zeit bewegen wir uns auf asphaltierten Straßen und Straßenradwegen, eher selten auf unbefestigten Wegen. Es sind jedoch ein paar Höhenunterschiede zu überwinden. Zwischendurch kannst du mehrmals baden und einkehren.

‹ **links / Idyllisch: Das Nordufer des Kummerowser Sees bei Verchen**

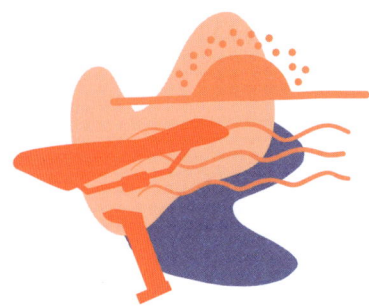

Der Stadt den Rücken zukehren

Nördlich vom Kalenschen Stadttor befindet sich der 1 / Bahnhof Malchin, wo unsere Tour beginnt. Benutze den Radweg nach links. Du kommst am Fangelturm vorüber, querst die Ostpeene und fährst an der vielbefahrenen Bundesstraße stadtauswärts. Beim VW-Autohaus verlässt du die B 104: Du biegst links ab und folgst dem Straßenradweg neben dem Leuschentiner Damm in Richtung Kummerow. Allmählich wird es ländlicher. Durch Leuschentin bleibst du auf dem Leuschentiner Damm. Etwa 6,9 km nach Start biegst du links ab in den Lindenweg, der wie mit dem Lineal gezogen zum 2 / Schloss Kummerow verläuft. Das 1730 vollendete Landhaus war eines von zahlreichen Anwesen der Familie von Maltzan; heute beherbergt es eine Fotografische Sammlung mit wechselnden Sonderausstellungen (www.schloss-kummerow.de).

BADESTELLE SOMMERSDORF

Vom 3 / Schloss Sommersdorf ist ein Abstecher zur Badestelle bei der Marina möglich (einfache Strecke: 1,2 km und etwa 20 Höhenmeter).

Von Kummerow nach Sommersdorf

Fahre links ums Schloss herum zum Badestrand und folge dem Seeuferweg. Am Restaurant Seeblick Kummerow vorüber geht's zum kleinen Hafen. Dort verlässt du das Seeufer in Richtung Dorfmitte. Bei der Feuerwache folgst du der Radweg-Beschilderung Richtung Sommersdorf. Beachte die kleine Dorfkirche. Am Ende der Kummerower Dorfstraße biegst du links ab und nutzt den Straßenradweg bergan. Wo die Hauptstraße nach Demmin und Stavenhagen rechts führt, radelst du geradeaus Richtung Sommersdorf. Mit Blick auf den Kummerower See geht's über die Höhe, bei einem Rastplatz in einer Rechtskurve talwärts und am Vorfahrtsschild links. Schon von weitem erblickst du das 3 / Schloss Sommersdorf. Das private Wohngebäude wurde 1924 erbaut, nachdem das alte Gutshaus der Familie von Maltzan niederbrannte. In den 1930er und 1940er Jahren befand sich im Schloss eine „Bauernhofschule für die

> **rechts oben / Überall Wasser: Die Große Rosin ist eines der bedeutendsten Flusstalmoore Europas**

200 KM²

umfasst die Große Rosin, das größte Niedermoor Westeuropas. Hier brüten mehr als 160 Vogelarten, darunter etwa 30 europaweit geschützte Arten. Das teils unter dem Meeresspiegel gelegene Überflutungsgebiet der Peene wurde renaturiert, nachdem es jahrelang als Polder mit Deichen eingedämmt war und entwässert wurde.

AUSSICHTSTURM VERCHEN

Wenn du am Ortseingang Verchen dein Fahrrad stehenlässt und dem Schild „Naturerlebnispfad" folgst, kommst du nach kurzem Fußmarsch zum Aussichtsturm.

Ausbildung von Jungbäuerinnen", danach diente es etliche Jahre als Flüchtlingsunterkunft.

Vorbei an Gravelotte nach Verchen

Zur 4 / Dorfkirche Meesiger findest du dank Radwegweiser „Meesiger 2,7 km". Der spätgotische Westturm ist der älteste erhaltene Teil des kleinen Gotteshauses. Drinnen ist der Altaraufsatz mit geschnitztem Dekor und Figurenschmuck sehenswert. Er entstand um das Jahr 1700. Nachdem du wieder im Sattel sitzt, vertraust du dem Radwegweiser nach Gravelotte. Später rollst du nicht nach Gravelotte hinab, sondern folgst der Radweg-Beschilderung „Verchen 4,6 km". Du passierst den gepflegten Hof Peeneland und biegst hinter der Bushaltestelle am Hof Bornitz links ab („Verchen 2,8 km"). In Verchen zweigst du bei der Info-tafel „Eiszeitroute" rechts ab und rollst bis zum Kreisverkehr, den du halb umrundest, um in die Kirchstraße einzubiegen. Die ehemalige 5 / Klosterkirche St. Marien ist unübersehbar. Während der E-Bike-Akku auflädt, kannst du im Café im Brauhaus Pause machen – du findest es gleich nebenan. Allerdings ist es nicht ganzjährig geöffnet – bitte informiere dich unter www.freizeitspass-verchen.de.

Lieber Aal als Kaffee und Kuchen?

Zurück zum Kreisverkehr, an der ersten Ausfahrt hinaus und auf der Seestraße nach rechts – so kommst du zum 6 / Badestrand Verchen. Nebenan befindet sich ein Kanuverleih, der zugleich geführte Kanu-Touren sowie Ausflugsfahrten mit einem Solarboot anbietet (www. abenteuer-peenetal.com). Du kannst dich auch über den Naturpark Flusslandschaft Peenetal schlaumachen, bevor du auf der Seestraße zur Fähre rollst. Wenn du dich nicht am Imbiss stärken willst, lässt du dich und dein Bike gleich über die Peene schippern und kehrst in der 7 / Aalbude ein. Aal ist die Spezialität des Hauses, aber es gibt auch anderen frischen Fisch, Fleischgerichte und Vegetarisches (geöffnet normalerweise während der Fährzeiten, montags Ruhetag, www.ausflugsrestaurant-aalbude.de).

Highlight der Tour: Die Große Rosin

Beim Restaurantparkplatz folgst du dem Radwegzeichen. Ein paar Meter weiter geht's links zum Aussichtsturm, von dem man einen Teil der Großen Rosin überblickt. Entlang des Asphaltsträßchens durch das riesengroße Flusstalmoor kannst du bei zwei weiteren Aussichtsplattformen stoppen.

WO SIND DIE HEIDEN VON KUMMEROW?

Hier wirst du sie nicht finden! Der berühmte Roman „Die Heiden von Kummerow" spielt im pommerschen Dorf Biesenbrow, das heute zu Angermünde gehört. Schriftsteller Ehm Welk entdeckte den Namen Kummerow in der Nähe von Schwedt an der Oder.

◄ links / Fährmann, hol über: Die Fähre an der Aalbude verkehrt nur zwischen April und Mitte Oktober ▲ oben / Radfahrer im kleinen Park beim Schloss Kummerow, das eine fotografische Sammlung beherbergt

Der Naturparkweg nach Neukalen

Am kleinen Parkplatz vorm Ort Kützerhof gibt es eine Rastbank sowie Infotafeln. Fahre durch Kützerhof hindurch und biege dann links ab auf den Naturparkweg Richtung Neukalen. Bei einer Schranke rollst du in den Wald hinein, dann orientierst du dich weiter an der Radweg-Beschilderung und fährst nach Neu Warsow. An der Buswendeschleife geht's Richtung „Neukalen 3,5 km". Wo der Betonplattenweg eine Schlaufe macht, fährst du geradeaus auf Asphalt und stoppst am 8 / Aussichtsturm Neukalen. Später hältst du dich hinter einer Bungalowsiedlung rechts und rollst bis Neukalen. Dort folgst du der Radweg-Beschilderung nach links: „Stadtmitte 0,5 km". Der sehr schöne 9 / Wasserwanderrastplatz am Hafen Neukalen bietet sich für eine Pause an, dort gibt es auch Verpflegung.

FÄHRE AALBUDE

Die Fähre 7 / Aalbude wird von der Mecklenburgisch-Vorpommerschen Verkehrsgesellschaft betrieben. Informiere dich unbedingt vorab: www.mvvg-bus.de/mvvg-faehre/

Von Neukalen nach Gorschendorf

Vom Hafen folgst du ein paar Meter der Hafenstraße. Du kannst einen Abstecher zur Stadtkirche St. Johannes machen, indem du dem Schild „Stadtmitte 0,2 km" nachradelst. Unsere Route führt jedoch Richtung „Malchin 12,0 km / Salem 4,3 km". Vertraue auch an den nächsten Kreuzungen den Radwegschildern. Während du Neukalen südwärts verlässt,

KM 22,7

Die 5 / Klosterkirche St. Marien geht auf das Benediktinerinnenkloster Verchen zurück, das vom Ende des 12. bis ins 16. Jh. bestand. Zu den bedeutendsten Kunstschätzen Mecklenburg-Vorpommerns zählen die Glasmalereien in den drei Chorfenstern, die aus dem späten 15. Jh. stammen. Ebenfalls wertvoll: der Mittelschrein des Altars (um 1420).

siehst du links auf dem Mühlenberg die alte Windmühle, die in den 1930er Jahren erbaut wurde und eine ältere ersetzte. Nach leichtem Anstieg überquerst du die ehemalige Eisenbahnstrecke von Malchin nach Dargun und folgst ihr in etwas Abstand bis kurz vor Salem. Nachdem du die Gleise erneut überquert hast, strampelst du durch den Ort und hältst dich vor der Eisenbahnbrücke in Richtung Gorschendorf, wo vor der neogotischen 10 / Dorfkirche Gorschendorf eine Infotafel über Rad- und Wanderwege steht.

Schlusseinkehr und Schlussspurt

In Richtung Malchin zweigt etwa 1,4 km nach der Dorfkirche links die 11 / Zufahrt zum Moorbauer ab: Das kultige Ausflugslokal erreicht man mit Tretbootschwänen. Geöffnet ist nur im Sommer, dann gibt es auch Konzerte und andere Veranstaltungen (siehe www.moorbauer.com). Schließlich querst du bei Jettchenshof nochmals die stillgelegte Bahnstrecke und folgst dem Wegweiser „Malchin 3,6 km". Der Straßenradweg am Pieder Damm bringt dich schnurstracks zum 1 / Bahnhof Malchin.

◄ links / Die ehemalige Klosterkirche Verchen ist ein wichtiges bauhistorisches Denkmal ▲ oben / Am Wasserwanderrastplatz beim Hafen Neukalen kann man eine gemütliche Pause verbringen

Naturpark Flusslandschaft
Peenetal

Schönfeld

Verchen

Meesiger

Borrentin

VORPOMMERN

Sommersdorf

Wolkwitz

Grammentin

Großer
Basepohler See

ver See

Hinterteich

TOUR 13

START / ZIEL
Bahnhof Malchin

HINKOMMEN
Auto / Parkmöglichkeiten in der
Stadt, 17139 Malchin **ÖPNV**
/ Bahnstrecke Bützow-Stettin:
Regionalzüge verkehren relativ
regelmäßig – überprüfe dennoch
die Fahrpläne vorab

➤ **1 /** Bahnhof Malchin
➤ **2 /** Schloss Kummerow
➤ **3 /** Schoss Sommersdorf
➤ **4 /** Dorfkirche Meesiger
➤ **5 /** Klosterkirche St. Marien
➤ **6 /** Badestrand Verchen
➤ **7 /** Aalbude ➤ **8 /** Aussichtssturm
Neukalen ➤ **9 /** Wasserwanderrastplatz am Hafen Neukalen
➤ **10 /** Dorfkirche Gorschendorf
➤ **11 /** Zufahrt zum Moorbauer

5 km

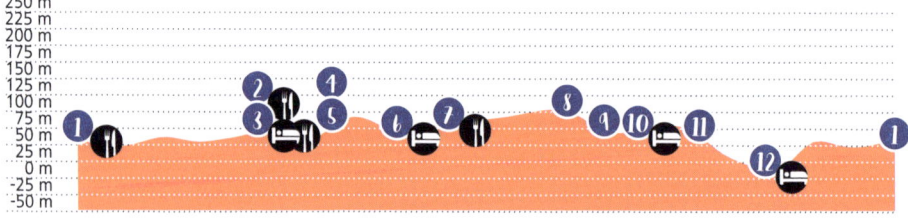

LÜTTE MEIERIE

Wenn ich durch Kratzeburg radle, stoppe ich immer am Hofladen. Wenn er nicht geöffnet hat, kann man sich am Automaten bedienen. Nur das leckere Softeis gibt's dann nicht. / www.luette-meierie.de

➤ **1 /** Am Marktplatz Penzlin eine gute Wildbratwurst verspeisen

➤ **2 /** Das sehenswerte Schliemann-Museum Ankershagen besichtigen

➤ **3 /** Beim Gutshaus Friedrichsfelde bummelst du durch den Park

➤ **4 /** Orientierung und kurzer Stopp: Die Ruine der Alten Schäferei

➤ **5 /** An der Havelquelle rasten und vielleicht im nahen See baden

➤ **6 /** Schau einmal im radlerfreundlichen Gutspark Dambeck vorbei

➤ **7 /** Lohnend: Ein Besuch in der Nationalpark-Infostelle Kratzeburg

➤ **8 /** Das bronzezeitliche Hügelgrab am Großen Goldberg bestaunen

➤ **9 /** Für Architekturfreunde: Weg zur Kapelle auf dem Klingberg

➤ **10 /** Im Gutspark Peckatel kann man prima spazieren und relaxen

➤ **11 /** Im Schloss Hohenzieritz auf Königin Luises Spuren wandeln

➤ **12 /** Gemütlich spazieren gehen im Park von Jagdschloss Prillwitz

14

HEXEN UND TROJANER

Und ein Besuch bei Preußens liebster Königin

Diese Tour verbindet beliebte Touristenziele östlich des Nationalparks Müritz: die Burg Penzlin mit ihrem Hexenmuseum, das dem Troja-Ausgräber gewidmete Schliemann-Museum in Ankershagen sowie das Schloss Hohenzieritz, das durch Preußens Königin Luise Berühmtheit erlangte. Ein Teil der Runde verläuft im Nationalpark, wo wir bei der Havelquelle eine Pause einlegen können.

48 Kilometer
330 Höhenmeter
3:30 Stunden
Rundtour

Burg Penzlin und das Hexenmuseum

Wir starten am 1 / Marktplatz Penzlin – hier kann man den ganzen Tag kostenfrei parken. Bei der Burg sind die Parkzeiten begrenzt. Entscheide selbst, ob du die Burg vor oder nach der Radtour besichtigen willst. Höhepunkte des Rundgangs sind der Rittersaal mit seinem gotischen Kreuzgewölbe sowie die Schwarzküche mit einem 12 m hohen Rauchfang. Das „Museum für Alltagsmagie und Hexenverfolgungen in Mecklen-

CHARAKTER
Sportlich ●●●●○
Abkühlung ●●○○○
Schlemmen ●●●○○
Panorama ●●●●○

TOURENINFO / Die Rundfahrt verläuft überwiegend auf Asphaltstraßen und gut ausgebauten Wegen. Die Höhenunterschiede erfordern durchaus Kraft und Ausdauer. Es gibt begrenzte Bade- und einige Einkehrmöglichkeiten.

◄ **links / Ein begehbares Trojanisches Pferd erwartet kleine und große Gäste vorm Schliemann-Museum Ankershagen**

burg" bietet eine umfangreiche Dokumentation, Besucher sehen außerdem den Folterkeller und das Verlies (http://alte-burg.amt-penzliner-land.de).

Von Penzlin nach Groß Vielen…

Fahre vom Markt nach links in die Große Straße und achte an mehreren Stellen auf die Radwegweiser Richtung Ankershagen. Auf der Warener Chaussee rollst du bis zur B 193, querst sie und nutzt den Straßenradweg Richtung Ankershagen. Nach etwa 300 m biegst du rechts ab. Mit leichtem Anstieg geht's nach Groß Vielen, wo am Ortseingang das riesige U-förmige Herrenhaus auffällt. Es entstand Anfang des 20. Jh. und wurde zu DDR-Zeiten als Schule genutzt.

Wenn du an der Bushaltestelle wenige Meter geradeaus rollst, entdeckst du rechter Hand das ältere Gutshaus, welches Joachim Friedrich von Holstein zu Beginn des 18. Jh. erbauen ließ. Auf der anderen Straßenseite steht die rund 250 Jahre alte Fachwerkkirche. Die Holzdecke im Gotteshaus ist wundervoll bemalt.

RESTE DER BURG ANKERSHAGEN

Ankershagen war seit 1435 ein Lehen der Familie von Holstein. Damals existerte eine Burg. Ihre Reste kann man im Park hinterm Herrenhaus aufspüren.

…und ins Schliemann-Dorf Ankershagen

Du verlässt Groß Vielen westwärts, fährst nördlich an Zahren vorüber und erreichst Ankershagen. Geradeaus gelangst du zum 2 / Schliemann-Museum Ankershagen. Die Dorfkirche gegenüber gilt als eine der ältesten in der Region, Heinrich Schliemann erwähnt sie in seiner Autobiographie. Wenn du nach dem Museumsbesuch etwas essen möchtest, bietet sich neben dem Bistro im Museum der Gasthof zur Linde an. Oder du lenkst gleich zum nahen 3 / Gutshaus Friedrichsfelde, in den das Gasthaus Storchennest und eine Infostelle des Müritz-Nationalparks eingezogen sind. Sehr lohnend ist ein Rundgang durch den gepflegten Gutspark.

Zur Havelquelle im Müritz-Nationalpark

Auf bekannter Route fährst du zurück zur Bushaltestelle Ankers-

---

➤ **rechts oben / Das sehenswerte Schliemann-Museum mit Bistro im alten Pfarrhof Ankershagen**

KM 10,4

Der weltberühmte Altertumsforscher
Heinrich Schliemann verbrachte acht
Jahre seiner Kindheit in Ankershagen.
Inspiriert von Hügelgräbern in der
Umgebung soll er beschlossen haben,
irgendwann die Stadt Troja auszu-
graben. Das 2 / Schliemann-Museum
im Pfarrhaus setzt ihm ein würdiges
Denkmal. / www.schliemann-
museum.de

BADEPLATZ AM MÜHLENSEE

150 m nördlich der Havelquelle gibt es am Mühlensee einen schönen Badeplatz. Dank der Bohlenstege und Leitern kommt man bequem ins Wasser.

hagen und biegst rechts ab Richtung Pieverstorf. Unübersehbar ist das alte Gutshaus Ankershagen. Es entstand zwischen 1550 und 1570 im Renaissancestil und wurde später mehrfach umgebaut. Nach 1945 diente das Herrenhaus als Polytechnische Oberschule, seit 1997 steht es leer. Alleebäume prägen die Strecke zur 4 / Alten Schäferei. Um die Ruinen nicht zu verpassen, musst du dem Wegweiser nach Pieverstorf folgen. Hinterher fährst du über den Parkplatz zur 5 / Havelquelle, wo sich ein großer Rastplatz befindet.

Im Nationalpark zum Gutspark Dambeck

Nun bewegst du dich im Nationalpark und orientierst dich an den Wanderweg-Zeichen. Die Markierung Roter Hirsch führt bis zu einem Findling mit Inschrift: „Wanderer, achte dieses Waldes Frieden". Dort folgst du dem Nationalparkweg M südwärts. Nach etwa 1,5 km triffst du auf einen breiten Forstweg, auf den du rechts einbiegst und bis Dambeck radelst. An dieser Stelle zeigt ein Wegweiser zum 6 / Gutspark Dambeck. Der große Ferienpark (www.awosano. de/mueritz-dambeck.html) bietet günstige Übernachtungsmöglichkeiten, Radfahrer sind sehr willkommen. Ein beschilderter Fußweg

führt vom ehemaligen Gutshaus zum Havelsteg zwischen Dambecker See und Röthsee.

Über Kratzeburg nach Klein Vielen

In Dambeck orientierst du dich Richtung „Dalmsdorf 2,5 km". Durch den Wald holperst du auf Betonplatten, anschließend hältst du dich links und fährst zur 7 / Nationalpark-Infostelle Kratzeburg. Wissenswertes über Kratzeburg liest du auf Seite 194 (Tour 20). Beim großen Holzschild „Nationalparkdorf" am Ortsende nimmst du die Straße nach Neustrelitz und radelst bis Adamsdorf. Nach den letzten Häusern biegst du links ab Richtung Klein Vielen. Es geht bergauf. In einer Linkskurve weist eine Infotafel auf das bronzezeitliche 8 / Hügelgrab am Großen Geldberg hin. Noch ein Stück bergan kommst du zu einem Rastplatz mit schöner Aussicht. Danach biegst du rechts ab und rollst nach Klein Vielen. Hinter der Feuerwache zweigt rechts der 9 / Weg zur Kapelle auf dem Klingenberg ab. Die architektonisch interessante Grabkapelle ließ der Eigentümer des Gutes Klein Vielen, Eduard Rudolph Jahn, zu Ehren seiner verstorbenen Frau und seiner Tochter Mitte des 19. Jh. errichten, weshalb sie Jahn-Kapelle genannt wird.

ADAMSSTEIN IN ADAMSDORF

Er erinnert an einen Sohn des Gutsbesitzers Graf von Blumenthal. Nach der napoleonischen Besatzung Mecklenburgs musste Adam in Russland kämpfen, wo er ums Leben kam. Aufgrund dessen wurde Adamsdorf neu benannt – bis dahin hieß der Ort tatsächlich Kuhstall.

‹ links / Prächtig: Obstbaumblüte im Park vom Gutshaus Friedrichsfelde
ʌ oben / Obgleich Jagdschloss Prillwitz ein schickes Hotel ist, ist der Schlosspark öffentlich zugängig

Zwischen Klein Vielen und Hohenzieritz

Am Vorfahrtsschild fährst du geradeaus. Bei einem Schild „70 km/h" biegst du scharflinks ab in den Weg mit den Schildern „6 t / Landwirtschaftlicher Verkehr frei". So kürzt du zur B 193 ab und folgst ihr nach links. Ein Spaziergang durch den 10 / Gutspark Peckatel lohnt sich. Anschließend radelst du gegenüber vom klassizistischen Gutshaus, das einst der Familie von Maltzan gehörte und jetzt über Gästezimmer und Ferienwohnungen verfügt (www.schloss-peckatel.de), weiter in Richtung Hohenzieritz.

Auf den Spuren von Königin Luise

WILDIMBISS

Der Wildimbiss am 1 / Markplatz Penzlin ist eine Institution. Hier gibt es nicht nur leckere Wildbratwürste, sondern auch Wildbouletten und Wildsoljanka.

Nach dem grünen Schild „Hohenzieritz" verlässt du den Straßenradweg und biegst links ab in den Peckateler Weg. Er endet an der Dorfstraße. Umrunde die Grünfläche rechts, schließe dein Bike am 11 / Schloss Hohenzieritz an, besuche die Luisen-Gedenkstätte und spaziere in aller Ruhe durch den fabelhaften Park. Infos über Hohenzieritz und die Öffnungszeiten der Luisen-Gedenkstätte findest du unter www.mv-schloesser.de/de/location/schloss-hohenzieritz/.

Schussfahrt zum Jagdschloss Prillwitz

Vom Schloss fährst du zur Dorfstraße, folgst ihr nach rechts und biegst dann

6. JULI 1807

Königin Luise von Preußen, geborene Herzogin zu Mecklenburg, muss nicht nur hübsch, sondern auch intelligent gewesen sein. Zum Mythos wurde ihr Treffen mit Napoleon am 6. Juli 1807 in Tilsit. Die Friedensverhandlungen mit Frankreich beeinflusste Luise nicht erheblich, doch Napoleon zeigte sich entzückt von ihr.

wieder rechts ab. Mit Blick auf den Tollensesee rollst du hinab ins Ziemenbachtal. Nach einer Brücke zweigst du links ab und hältst dich dann erneut links. Bei den Infotafeln in der Ortsmitte biegst du rechts ab und radelst an der farbenfrohen Dorfkirche vorbei auf das Gutshaus zu. Rechts steht das einstige 12 / Jagdschloss Prillwitz, nunmehr ein nobles Hotel (www.jagdschloss-prillwitz.de). Der wunderschöne Schlosspark ist öffentlich zugängig: Wenn du vorm Gutshaus nach rechts zum Schiffsanleger gehst, gelangst du durch ein kleines Tor in den Park.

Von Prillwitz nach Penzlin

Verlass dich auf die Radwegschilder Richtung Penzlin. Am Ortsende Zippelow fährst du geradeaus. Nach kurvenreichem Auf und Ab eilst du durch das Örtchen Werder, dann am Vorfahrtsschild nach links. Ein Bad im Großen Stadtsee erfrischt dich, bevor du die letzten Meter zum 1 / Marktplatz Penzlin in Angriff nimmst.

◄ links / Das Luisendenkmal im Schlosspark Hohenzieritz erinnert an die Königin, die beim Volk sehr beliebt war ⋀ oben / Königin Luise von Preußen verbrachte viel Zeit auf Schloss Hohenzieritz, wo sie 1810 überraschend jung verstarb

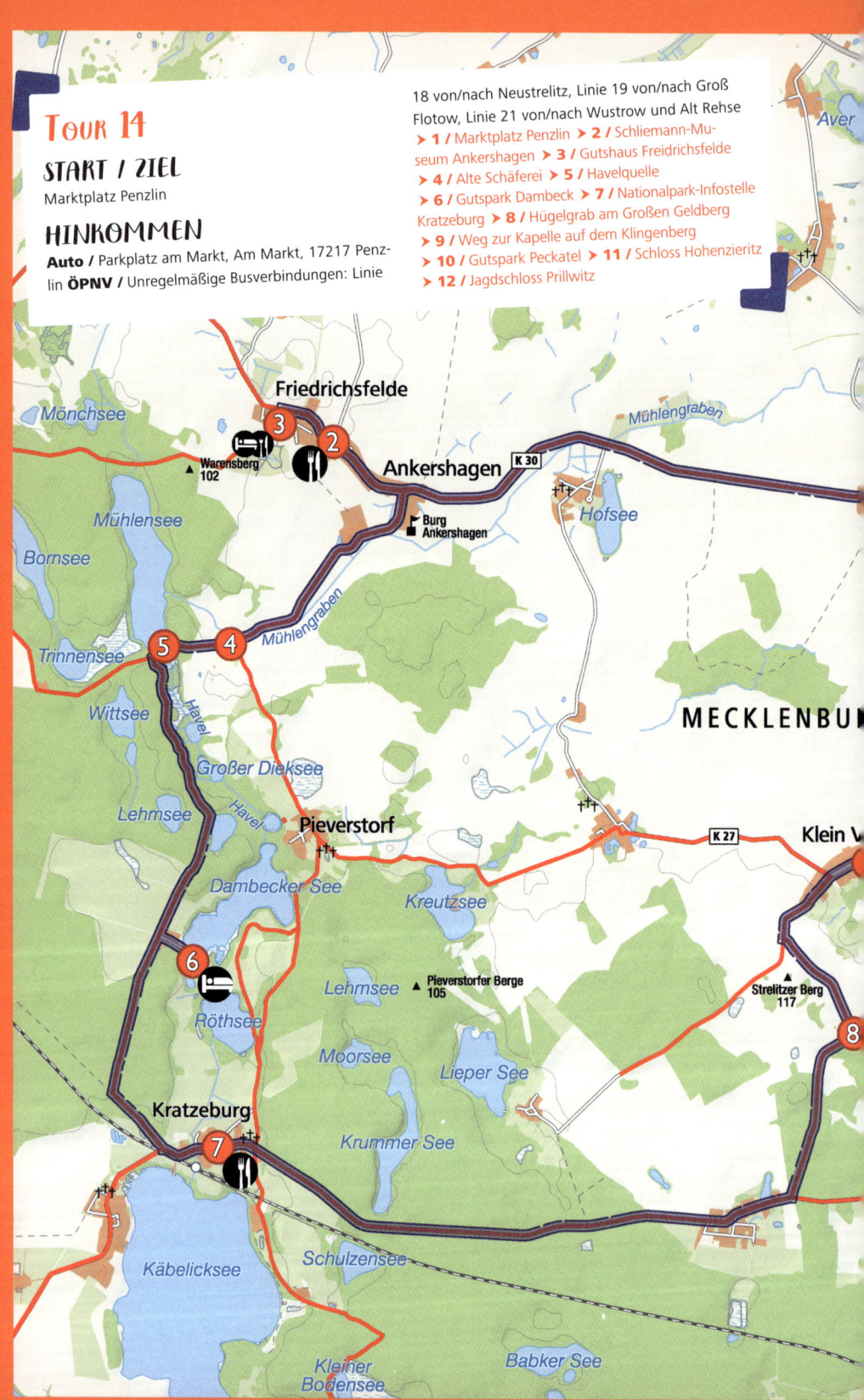

TOUR 14

START / ZIEL
Marktplatz Penzlin

HINKOMMEN

Auto / Parkplatz am Markt, Am Markt, 17217 Penzlin **ÖPNV** / Unregelmäßige Busverbindungen: Linie 18 von/nach Neustrelitz, Linie 19 von/nach Groß Flotow, Linie 21 von/nach Wustrow und Alt Rehse

➤ **1** / Marktplatz Penzlin ➤ **2** / Schliemann-Museum Ankershagen ➤ **3** / Gutshaus Freidrichsfelde ➤ **4** / Alte Schäferei ➤ **5** / Havelquelle ➤ **6** / Gutspark Dambeck ➤ **7** / Nationalpark-Infostelle Kratzeburg ➤ **8** / Hügelgrab am Großen Geldberg ➤ **9** / Weg zur Kapelle auf dem Klingenberg ➤ **10** / Gutspark Peckatel ➤ **11** / Schloss Hohenzieritz ➤ **12** / Jagdschloss Prillwitz

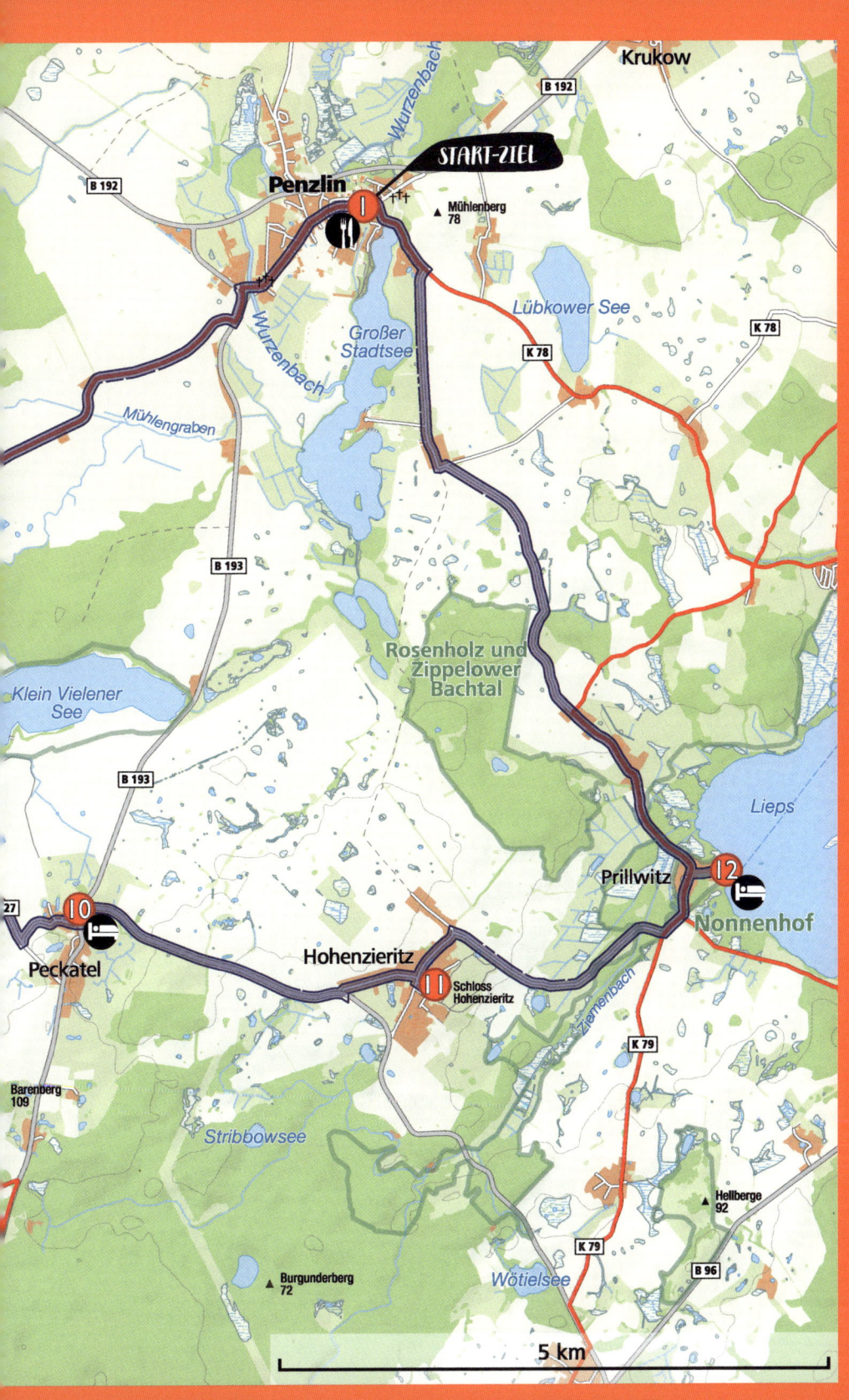

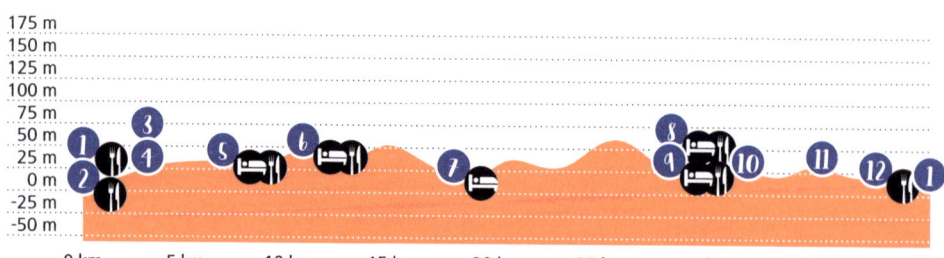

TOLLE AUSBLICKE

Was mir besonders gefällt, sind die schönen Ausblicke auf den Tollensesee und die vielen naturnahen Wege. Außerdem gibt's etliche Sehenswürdigkeiten.

➤ **1 /** Unsere Rundfahrt beginnt am Hauptbahnhof Neubrandenburg

➤ **2 /** Etwas über „Die Slawen und Rethra" im Treptower Tor lernen

➤ **3 /** Das Strandbad Broda für eine frühe Abkühlung im See nutzen

➤ **4 /** Den Treppenweg zum Belvedere hinaufsteigen und staunen

➤ **5 /** Zeit für Pause: Am Campingplatz Gatscheck gibt es einen Imbiss

➤ **6 /** Sieh dir das vom Nazi-Regime errichtete Modelldorf Alt Rehse an

➤ **7 /** Beim Jagdschloss Prillwitz Kormorane auf der Lieps beobachten

➤ **8 /** Im Hotel und Restaurant Bornmühle kannst du mittagessen

➤ **9 /** Historisches Denkmal: Die Komturei-Ruine von Klein Nemerow

➤ **10 /** Beim Humboldt-Gedenkstein den Chimborazo erklimmen

➤ **11 /** Vom Aussichtsturm Brehmshöhe blickst du weit über den See

➤ **12 /** Zum Schluss am Schiffsanleger Neubrandenburg baden gehen

15

TOLL, TOLLER, TOLLENSESEE

*Rund um den großen
Neubrandenburger See*

Der über 10 km lange Tollensesee ist der achtgrößte See in Mecklenburg-Vorpommern. Am Nordufer liegt die quirlige Kreisstadt Neubrandenburg. Während wir südwärts radeln, wird es schnell ruhiger und ländlich. Wir erleben einen tollen Mix aus Natur und Kultur.

Vom Hauptbahnhof an den See

Am 1 / Hauptbahnhof Neubrandenburg querst du die vielbefahrene Ringstraße. Linker Hand siehst du das Fritz-Reuter-Denkmal, rechts vor dir den Mudder-Schulten-Brunnen beim ehemaligen Franziskanerkloster. Hier zweigst du rechts ab und folgst der Stadtmauer mit den Wiekhäusern: Die in die Stadtmauer eingesetzten Fachwerkhäuser dienten im Mittelalter als Beobachtungs- und Verteidigungsposten. Durch das 2 / Treptower Tor verlässt du die innere Stadt.

41 Kilometer
390 Höhenmeter
3:00 Stunden
Rundtour

CHARAKTER

Sportlich ●●●○○
Abkühlung ●●●●○
Schlemmen ●●●○○
Panorama ●●●●●

TOURENINFO / Die Tour folgt großteils dem offiziellen Tollensesee-Radrundweg. Leider ist er nicht immer gut beschildert. Doch mit unserer Beschreibung ist der durchaus sportliche Rundkurs gut zu meistern. Viele Bade- und mehrere Einkehrmöglichkeiten sind vorhanden.

◀ **links / Blau wie das Mittelmeer: Blick über den Tollensesee bei Klein Nemerow**

Überquere die Ringstraße halblinks und folge dem Radwegweiser „Tollensesee 1,0 km". Nach der Straßenbrücke über den Oberbach geht's links. Aufgepasst: Rad- und Fußweg sind anfangs getrennt, dann verlaufen sie gemeinsam am Oberbach. Schön anzusehen sind die vielen bunten Bootsgaragen auf der anderen Seite des Bachs. Vor der Fußgänger- und Radbrücke, die am Tollensesee über den Oberbach führt, überquerst du den Ölmühlbach und biegst gleich rechts ab. Der breite Schotterweg umgeht das 3 / Strandbad Broda.

Auf dem Hochufer zum Jacobi

Der Tollensesee-Radrundweg folgt dem Seeufer bis zum Beachvolleyball-Platz. Dahinter hältst du dich links und vertraust den Wanderwegweisern „Gatscheck 4,5 km" (Roter Balken) und „Alt Rehse 8,5 km" (Blauer Balken). Du kannst nicht falsch fahren, solange du auf dem Hochufer südwestwärts radelst. Nach etwa 200 m zweigt rechts der 4 / Treppenweg zum Belvedere ab. Rund 100 m weiter befindet sich am Radweg eine Aussichtsplattform (2023 war sie leider wegen Baufälligkeit gesperrt). Ab da fährst du weitere 700 m auf dem Hochufer.

FKK-STRAND BUCHERORT

Badekleidung vergessen? Ungefähr auf halber Strecke zwischen 4 / Treppenweg zum Belvedere und 5 / Gatschek befindet sich der FKK-Strand Bucherort.

Über Gatscheck nach Alt Rehse

Beim ehemaligen Waldrestaurant Jacobi hältst du dich rechts und passierst ein altes Gebäude, das zum Fledermausquartier geworden ist. Etwa 200 m danach zweigt rechts ein Treppenweg zum Jahnstein ab, ein Denkmal für den Turnvater. Nachher fährst du an allen Kreuzungen geradeaus, so dass du am Parkplatz beim Campingplatz 5 / Gatscheck ankommst. Unterhalb befindet sich eine Anlegestelle des Linienschiffs Rethra. Am Waldkiosk Gatscheck kannst du Getränke und belegte Brötchen kaufen, der Badestrand des Campingplatzes ist öffentlich. Nach einer Pause geht's weiter südwärts durch den Wald, am Seeufer bis Alt-Meiershof und von da nach 6 / Alt Rehse. Der Ort gilt als Musterbeispiel dörflicher Architektur im Nationalsozialismus. Während manche Einwohner bedenkenlos in

➤ **rechts oben / Das Belvedere ist ein beliebtes Ziel der Neubrandenburger, die von hier über den Tollensesee auf ihre Stadt blicken**

KM 2,5

Herzog Adolf Friedrich IV. ließ 1775
ein Sommerhaus errichten und nann-
te es Belvedere (schöne Aussicht). An
selber Stelle ließ Großherzogin Marie
1823 ein neues Gebäude in Form
eines griechischen Tempels erbauen.
1934/35 erfolgte der Umbau zur
Gedenkstätte für die Gefallenen des
Ersten Weltkrieges.

WO IST RETHRA?

Im Gebiet der Lieps vermuten Forscher das slawische Zentralheiligtum Rethra. Der Wasserspiegel des Sees, der mit dem Tollensesee verbunden ist, war bis zum 13. Jh. niedriger.

den niederdeutsch anmutenden Fachwerkhäusern leben, kämpfen andere gegen die Geschichte – unübersehbar am Gutshof. Ein Besuch in der Ausstellung „Lern- und Gedenkort Alt Rehse" kann das Verständnis schulen (Am Gutshof 34, Fr-So 10-16 Uhr, Eintritt frei).

Zum schicken Jagdschloss Prillwitz

Weiter geht's auf dem Tollensesee-Radrundweg Richtung Wustrow. Zum Glück gibt es einen Radweg aus Betonsteinen, so dass du nicht auf der Kopfsteinpflasterstraße fahren musst. Im Anschluss folgst du einem kombinierten Rad- und Fußweg gen Prillwitz. Über die Verbindungsstraße zwischen Wustrow und Siehdichum hinweg – der Ort heißt wirklich so – strampelst du nach Neu Wustrow. Nimm den rechten Weg nach Zippelow, wo du links Richtung Prillwitz abbiegst. Bei den Infotafeln in der Ortsmitte zweigst du links ab und fährst zum 7 / Jagdschloss Prillwitz (siehe Tour 14).

Von Prillwitz zur Bornmühle…

Verlasse Prillwitz südwärts und biege bei erster Gelegenheit links ab nach Usadel. Auf einem verkehrsfreien Asphaltsträßchen rollst du in etwas Abstand zum Südufer des Flachwassersees Lieps bis Usadel, wo du auf die B 96 stößt und dem Radweg nach links nachfährst. Vor der Nonnenmühle entfernt er sich von der Bundesstraße, ab Krickow folgt er ihr erneut. Nach etwa 1,2 km biegst du links ab Richtung Nonnenhof. Vor dem Golfplatz geht es nach rechts zur 8 / Bornmühle, wo du einkehren und übernachten kannst (www.bornmuehle.de).

…und weiter nach Klein Nemerow

Jetzt strampelst du nordostwärts nach 9 / Klein Nemerow. Beim Kinderspielplatz fährst du links zum Wegpunkt (GPX). Links geht's zum Anleger des Linienschiffs Rethra; hinter Bäumen versteckt sich die Ruine eines Komtureigebäudes. Eine Komturei war ein treuhänderisch verwalteter Kirchenbesitz. Das große Gebäude diente wohl als Wirtschaftsgebäude der klösterlichen Anlage, nördlich davon soll sich das Konventhaus befunden haben. Rechts neben der Ruine gibt es eine kleine Badestelle.

KM 10,7

Während der Nazi-Herrschaft wurden die Wohnhäuser von 6 / Alt Rehse abgerissen und durch 22 Fachwerkhäuser mit Schilfrohrdächern ersetzt. Im Türbalken steht jeweils die Jahreszahl der Erbauung nach dem nationalsozialistischen Machtantritt sowie der Name eines deutschen Gaus.

‹ links / Einige der historischen Wiekhäuser am Radweg entlang der Stadtmauer Neubrandenburgs Λ oben / Die Ruine eines Wirtschaftsgebäudes der einstigen Komturei Klein-Nemerow

Auf dem Seeufer-Radweg bleiben!

Nachdem du Klein Nemerow nordwärts verlassen hast, genießt du Natur pur. Du radelst am Seeufer auf und ab bis zum 10 / Humboldt-Gedenkstein. Dort parkst du dein Bike und bezwingst den 55 m „hohen" Chimborazo. Die Aussichtshöhe erhielt ihren Namen nach einem Vulkan in Ecuador, den Alexander von Humboldt Anfang des 19. Jh. bestieg. Wieder im Sattel – nach ungefähr 1,7 km kommst du zum zerstörten Großsteingrab im Nemerower Holz (Hinweistafel). Etwa 900 m entfernt steht rechts oberhalb vom Radweg der Arionstein. Er erinnert an das 100-jährige Jubiläum des ersten Männer-Gesangsvereins im Großherzogtum Mecklenburg-Strelitz. Schließlich trifft der liebliche Seeufer-Radweg auf die asphaltierte Zufahrtsstraße zum Parkplatz des Augustabads. Hier biegst du scharf rechts ab und strampelst hinauf zum 1 / Aussichtsturm Behmshöhe.

BIKE & BOAT
Abkürzung: Nimm dein Rad mit aufs Linienschiff Rethra ab 5 / Gatschek, 7 / Jagdschloss Prillwitz oder 9 / Klein Nemerow. Infos: www.neu-sw.de/ linienschiff/

Von der Behmshöhe zum Schiffsanleger

Nach der Aussichts- könnte eine Badepause folgen, bevor du vom Augustabad zum Yachthafen rollst.

Nördlich vom Yachthafen passierst du den Anleger der ehemaligen Torpedover-

111

Stufen musst du hinaufsteigen, dann kannst du den tollen Ausblick vom 11 / Aussichtsturm Behmshöhe genießen. Der 1905 eröffnete Turm wurde aus Spenden und Erlösen von Volksfesten finanziert, die eigens zu dessen Bau veranstaltet wurden. Er ist von Mitte April bis Mitte November täglich von 9 bis 18 Uhr geöffnet.

suchsanstalt, welche die Deutsche Kriegsmarine während des Zweiten Weltkrieges im Tollensesee errichtete. Dann radelst du am Stargarder Bruch vorüber. Das ehemalige Niedermoor verhinderte während des Dreißigjährigen Kriegs, dass die katholischen Truppen des Feldherrn Tilly Neubrandenburg einnehmen konnten. Im Bruch leben seltene Vögel wie Rohrdommel, Teich- und Sumpfrohrsänger.

Mitten durch die Stadt zum Hauptbahnhof

Vorm 12 / Schiffsanleger Neubrandenburg gibt es den letzten Badestrand, danach erreichst du die bekannte Brücke über den Oberbach. Hier folgst du dem Radwegweiser „Stadtzentrum 1,0 km". Durch den Kulturpark näherst du dich der Ringstraße. Zwischen „Villa Windbergsweg" und Eispavillon geht es nach links, hinter der Villa gleich wieder links. Überquere die Ringstraße zum Stargarder Tor und fahre geradlinig durchs Stadtzentrum zum 1 / Hauptbahnhof Neubrandenburg.

◄ links / Zoom: Ausblick über den Tollensesee auf die Kreisstadt Neubrandenburg ▲ oben / Fast geschafft: Wir sind am Anleger des Linienschiffs Rethra in Neubrandenburg

Neubrandenburg

START-ZIEL

Tour 15

START / ZIEL
Hauptbahnhof Neubrandenburg

HINKOMMEN
Auto / Parkplatz am Bahnhofsplatz (kostenpflichtig), Kreuzung Stargarder Straße/Friedrich-Engels-Ring, 17033 Neubrandenburg **ÖPNV** / Am Bahnhof Neubrandenburg halten Züge der Regionalexpress-Linien Stralsund-Berlin und Lübeck-Szczecin.

> 1 / Hauptbahnhof Neubrandenburg > 2 / Treptower Tor > 3 / Strandbad Broda > 4 / Treppenweg zum Belvedere > 5 / Gatschek > 6 / Alt Rehse > 7 / Jagdschloss Prillwitz > 8 / Bornmühle > 9 / Klein Nemerow > 10 / Humboldt-Gedenkstein > 11 / Aussichtsturm Behmshöhe > 12 / Schiffsanleger Neubrandenburg

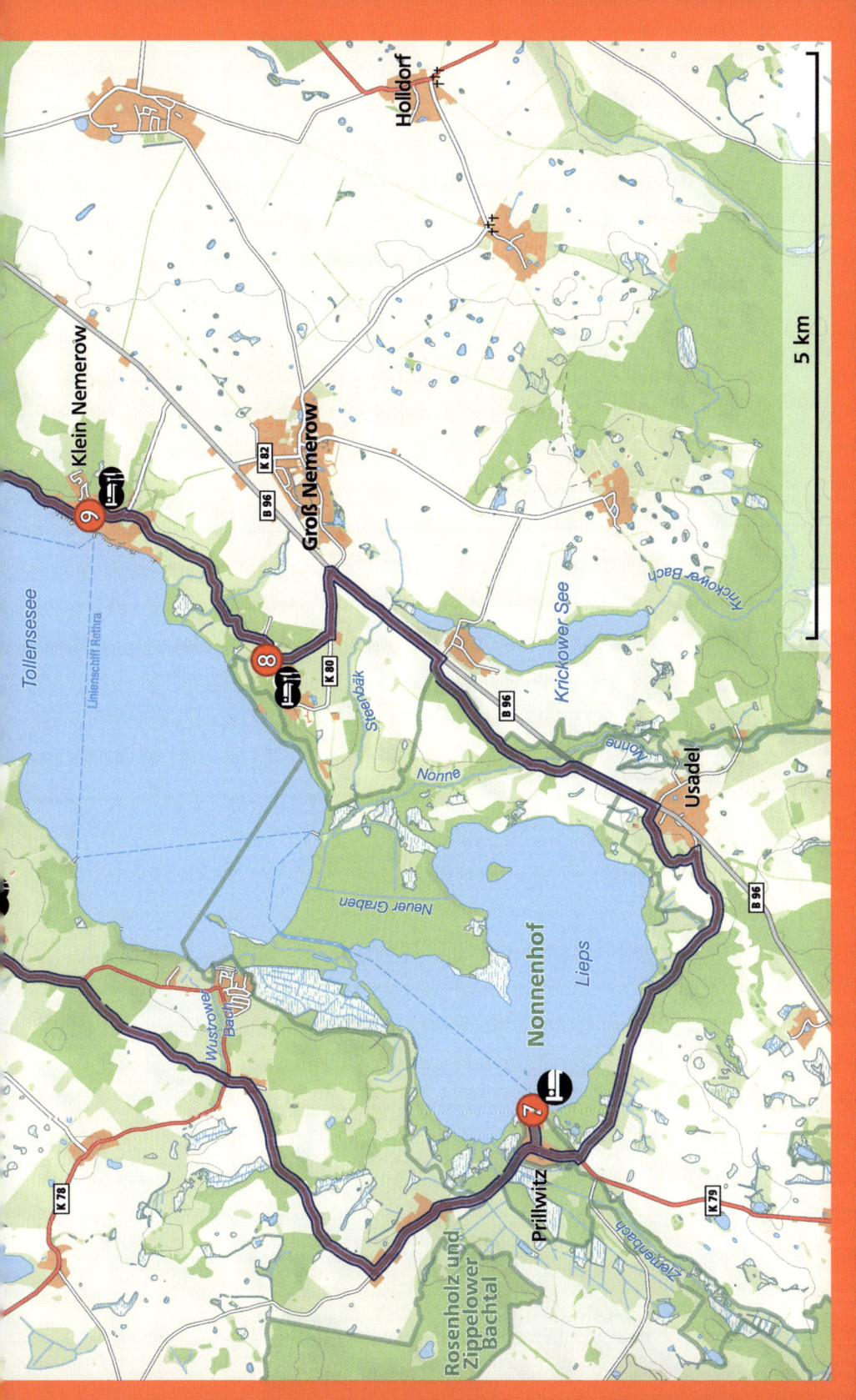

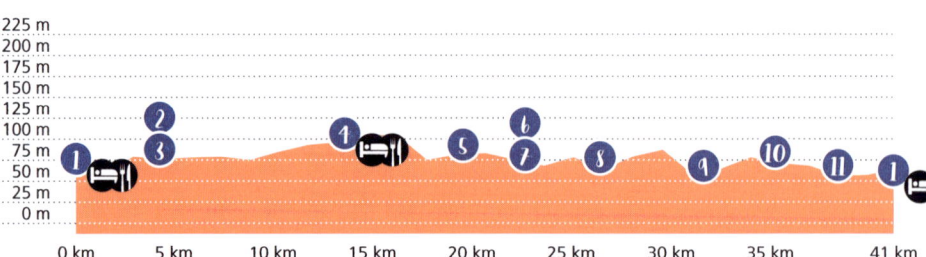

AUF EIN STORCH!

Mein Einkehr-Tipp: Die Lychener Mühlenwirtschaft (www.muehlen-mahlzeit.de)! Hier wird das leckere Storch-Bier gezapft. Unter der Mühle führt die berühmte Kanupassage hindurch.

➤ **1 /** Beginne die Rundfahrt am Radnetz-Knotenpunkt 40 (Lychen)

➤ **2 /** Die Badestelle am Großen Kronsee für ein erstes Bad nutzen

➤ **3 /** Sieh dir die denkmalgeschützte Dorfkirche Rutenberg an

➤ **4 /** Im Hotel und Restaurant Jagdschloss Waldsee einkehren

➤ **5 /** Die Besonderheiten der Dorfkirche Goldenbaum entdecken

➤ **6 /** Die Badestelle an der Pöhle in Wunstorf ist recht idyllisch

➤ **7 /** Am Badeplatz am Lutowsee in Herzwolde die Füße kühlen

➤ **8 /** Vielleicht rastest du an der Badestelle am Pfarrsee in Wokuhl

➤ **9 /** Genügend Zeit für die Fachwerkkirche Dabelow einplanen

➤ **10 /** Magst du die Badestelle am Großen Kastavensee ausprobieren?

➤ **11 /** Gegen Tourenende stoppst du am Badeplatz am Wurlsee

16

BAD & BIKE

*Radfahren, schwimmen und
in der Natur relaxen*

**Zwischen dem brandenburgischen Lychen
und dem Süden des Müritz-Nationalparks in
Mecklenburg-Vorpommern gibt es unzählige
kleine und große Seen. Mehr als ein Dutzend
passieren wir auf dieser Runde – an vielen
gibt es schöne Badeplätze. Eine NaTour zum
Relaxen!**

Von Lychen an den Großen Kronsee

Lychen liegt inmitten von Seen und wird deshalb
zurecht als Wasserstadt bezeichnet. Wir starten am
Marktplatz des beliebten Ferienortes, wo sich der 1
/ Radnetz-Knotenpunkt 40 (Lychen) befindet. Folge der Radweg-Beschilderung
„Rutenberg 3,1 km" in die
Stargarder Straße und danach
in die Clara-Zetkin-Straße. Vor
der Litfaßsäule am Spielplatz
biegst du rechts ab. In der Ru-
tenberger Straße 1 zeigt die
Kleine Galerie Öl- und Aqua-
rell-Kunstwerke sowie wechselnde Ausstellungen

41 Kilometer
240 Höhenmeter
3:00 Stunden
Rundtour

CHARAKTER

Sportlich ●●●○○
Abkühlung ●●●●●
Schlemmen ●●●○○
Panorama ●●●○○

TOURENINFO / Ein bunter Mix aus Asphalt- und Pflasterstraßen, Betonplatten-, Sand- und Schotterwegen erfordert
Fahrfertigkeiten und etwas Ausdauer. Allzu sportlich wird's
jedoch nicht. Dem Titel gemäß bietet diese Tour etliche
Bademöglichkeiten, doch nur eine Einkehrmöglichkeit.

◀ **links / Am Abend nach einem Stadtbummel: Touren-
Ausklang am Oberpfuhl in Lychen**

der Künstlergruppe Pinne-Kothek Lychen. Nebenan arbeitet die Microbrewery von Henning Storch (www.storch-bier.de). Ab und an zapft Henning das fast schon legendäre Storch-Bier im eigenen Garten. Aber es ist ja noch früh am Tag… Auf Asphalt und Kopfsteinpflaster radelst du durch Felder und Wiesen bergan bis Rutenberg, wo die saubere 2 / Badestelle am Großen Kronsee zur ersten Schwimmpause auffordert.

Wo die Zeit stehengeblieben scheint

Vom Badeplatz fährst du nordwärts durch den Ort bis zur 3 / Dorfkirche Rutenberg. Die denkmalgeschützte Feldsteinkirche wurde in der zweiten Hälfte des 13. Jh. errichtet, der Turm jedoch erst im 19. Jh. angebaut. Der Innenraum wirkt durch die eingezogene Holzbalkendecke niedrig. Weiter geht's in Richtung „Hasselförde 3,8 km". Am Ortsende beginnt ein Radweg neben der holprigen Pflasterstraße. Am Waldrand entfernt er sich kurz von der Straße und verläuft ein Stück neben ihr, dann wird die Autostraße zur Fahrradstraße, die du benutzt. Sie führt durch das Naturschutzgebiet Klapperberge zum Dünshof, dem letzten Außenposten in Brandenburg. Das Anwesen versteckt sich rechter Hand hinter einer hohen Hecke. Von hier erreichst du schnell Hasselförde in Mecklenburg-Vorpommern, wo die Uhren scheinbar langsam gehen. Bei den Altglas-Containern hältst du dich halbrechts und biegst beim Friedhof links ab Richtung „Wokuhl 7,5 km". So kommst du an der gut erhaltenen Hasselförder Windmühle vorüber, die in Privatbesitz ist. Auf Betonplatten holperst du ins Dorf Gnewitz. Halte dich am Ortseingang rechts und strample auf dem sandigen und steinigen Fahrweg nordostwärts zur Siedlung Waldsee. Bei der Scheune zweigst du links ab Richtung Schulzensee und Goldenbaum. Du radelst nun im Müritz-Nationalpark.

KERAMIK IN RUTENBERG

In Rutenberg gibt es neben zahlreichen Ferienhäuser und -wohnungen zwei Keramiklädchen. Sie verkaufen Töpferware aus verschiedenen Ateliers zu attraktiven Preisen.

➤ rechts oben / Erinnert an eine russisch-orthodoxe Holzkirche: Die evangelisch-lutherische Dorfkirche Dabelow

KM 31,6

Architektur und Antlitz der 9 / Fachwerkkirche Dabelow sind für die Region einzigartig. Das 1855 geweihte
Gotteshaus wirkt russisch-orthodox,
wenngleich neogotische Elemente
erkennbar sind. Besonders ist die
Bemalung in Blau- und Ockertönen.
Entworfen wurde die Kirche vom Hofbaumeister Friedrich Wilhelm Buttel.

ZUSÄTZLICHER BADESTOPP

Fahre bei der Scheune in Waldsee rechts, links, geradeaus, links – so kommst du zur Badestelle am Ostufer des Schulzensees gegenüber vom Jagdschloss.

Im Müritz-Nationalpark bis Goldenbaum

Bei einem Schlagbaum vertraust du dem Radwegzeichen nach halbrechts, anschließend folgst du den weiß-grünen Schildchen geradeaus und erreichst das 4 / Jagdschloss Waldsee (www.jagdschloss-waldsee.de). Nach einem Besitzerwechsel wurde das Hotel und Restaurant im Mai 2023 neu eröffnet. Es wirbt mit „Erholung, Entspannung und Genuss inmitten idyllischer Natur – stilvoll in historischer Atmosphäre". Wenn frühmorgens Damhirsche vorm Hotel vorbeiziehen und dann die Sonne überm Schulzensee aufgeht, wird die Werbung bestätigt. Auf dem Weg zur Meilerstelle, der kurz hinterm Parkplatz links abzweigt, ist das Radfahren leider nicht erlaubt – er wäre eine gute Abkürzung. Bleibe also auf der Zufahrtsstraße zum Jagdschloss und biege dann beim Vorfahrtsschild links ab. Nach etwa 2 km Pflasterstraße rollst du in einer langen Linkskurve talwärts zur ehemaligen Goldenbaumer Mühle. Auf dem Areal befand sich zu DDR-Zeiten eine Geflügelzucht, es kann nicht betreten werden. Bleib also gleich auf der Asphaltstraße nach Goldenbaum. Rechter Hand am Ortseingang übersieht man leicht das schlichte

Gutshaus. Der eingeschossige Ziegelbau diente einstmals den großherzoglich-mecklenburgischen, später den staatlichen Förster als Dienstwohnung. Die neugotische 5 / Dorfkirche Goldenbaum ist ebenfalls interessant: Sie ist das letzte Gotteshaus, das ein mecklenburgischer Großherzog errichten ließ. Großherzog Adolf-Friedrich V. von Mecklenburg-Strelitz war der letzte adlige Landesherr. Die Kirche wurde 1912 geweiht.

Von Goldenbaum nach Herzwolde

Beinah am Ortsende Goldenbaum folgst du der Hauptstraße nach links in Richtung „Herzwolde 3,8 km / Wokuhl 6,3 km". Der Betonplattenweg zieht zum Wald hinüber. Einen fantastischen Anblick bietet der Geisterwald: abgestorbene Bäume in der Verlandungszone des Großen Bresen. Hast du Lust auf Wasser bekommen? Dem Hauptweg nach erreichst du schnell die idyllische 6 / Badestelle an der Pöhle in Wutschendorf. Wenn du erfrischt und ausgeruht bist, radelst du bequem nach Herzwolde. Vom Rastplatz am Lutowsee bietet sich ein herrlicher Ausblick auf den langgestreckten See, der 7 / Badeplatz am Lutowsee in Herzwolde befindet sich etwa 300 Meter südlich.

KM 13,8

Schließe dein Rad beim 4 / Jagdschloss Waldsee an und spaziere zur beschilderten Meilerstelle, wo die Holzkohleherstellung in einem Erdmeiler anhand eines Nachbaus erklärt wird. Für Fahrräder ist der Weg zur Meilerstelle im Müritz-Nationalpark verboten!

◀ links / **Für Auge, Geist und Seele: Wunderschöner alter Feldbaum zwischen Dünshof und Hasselförde** ∧ oben / **Sie steht an unserem Weg: Die schöne Hasselförder Windmühle ist in Privatbesitz**

Über Wokuhl zur Fachwerkkirche Dabelow

Am südlichen Ortsende von Herzwolde ist unser nächstes Ziel bereits beschildert: „Wokuhl 2,5 km". Du radelst südwärts, so dass die barocke Dorfkirche links von dir ist und du an der 8 / Badestelle am Pfarrsee in Wokuhl vorbeikommst. Tritt kräftig in die Pedalen: Auf der Dorf- und Landstraße geht's munter auf und ab zur Siedlung Comthurey und weiter nach Dabelow. Verpasse auf keinen Fall die auffällige 9 / Fachwerkkirche Dabelow. In der Kirche gibt es öfters interessante Fotografie- und Kunstausstellungen.

Mehr Seen und endlose Kiefernwälder

Am östlichen Ortsende von Dabelow radelst du Richtung Retzow. Bis zur 10 / Badestelle am großen Kastavensee bewegst du dich durch schier endlose Kiefernwälder. Fortan befindest du dich wieder in Brandenburg. Einen klitzekleinen Hügel hinauf – anschließend fährst du ohne Anstrengung kerzengerade bis Retzow. Heideflächen sorgen für Abwechslung zum Kiefernwald – vor allem im Spätsommer, wenn die Heide violett blüht. In Retzow ist die Ruine der im 13. Jh. errichteten Feldsteinkirche sehenswert. Das Gotteshaus wurde im Krieg zwischen Mecklenburg und den Ver-

KM 22,7

De facto ist die 6 / Badestelle an der Pöhle in Wutschendorf nur eine von vielen auf dieser Tour. Weder ein großer See noch ein breiter Strand sind hier vorhanden, aber es herrscht eine besondere Atmosphäre. Zwischen Dorf- und Naturidylle lässt es sich herrlich entspannen, und man kann sich in Achtsamkeit üben.

bündeten Brandenburg und Pommern zerstört. Von Retzow kullerst du hinab in den Wurlgrund. Der 11 / Badeplatz am Wurlsee bietet die letzte Gelegenheit zur Erfrischung auf dieser Rundfahrt. Orientiere dich an der Radweg-Beschilderung „Lychen 2,8 km": Du triffst auf die Hauptstraße und folgst ihrem Radweg nach links bis zum 1 / Radnetz-Knotenpunkt 40 in der Stadtmitte.

Ein Stadtrundgang krönt die Radtour

Besuche zuerst die Stadtpfarrkirche St. Johannes. Der wehrhafte Kirchenbaum wurde in der zweiten Hälfte des 13. Jh. errichtet und etwa 100 Jahre später um den Chorraum erweitert. Gehe von der Kirche hinab zur Brücke zwischen Stadtsee (rechts) und Oberfuhl (links), wo Kanuten ihre Wasserfahrzeuge umtragen müssen. Folge dem Uferweg am Oberpfuhl, laufe weiter bis zur ehemaligen Wassermühle (siehe Autorentipp) und von da zurück zum Marktplatz.

◀ links / Friedvoll: Die Badestelle an der Pöhle in Wutschendorf lädt zur Pause ein ▲ oben / Im Müritz-Nationalpark: Der Geisterwald in der Verlandungszone des Großen Bresen

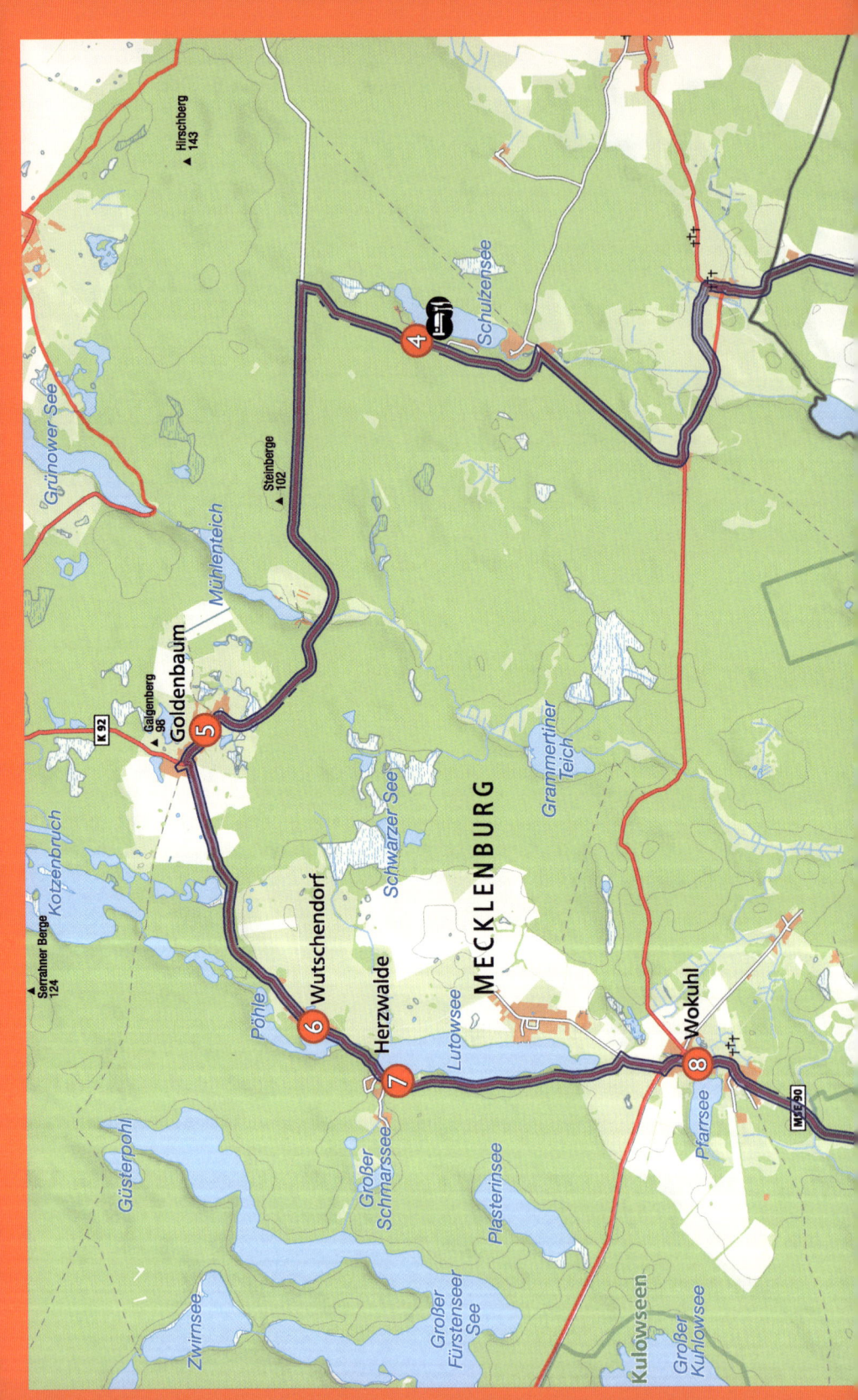

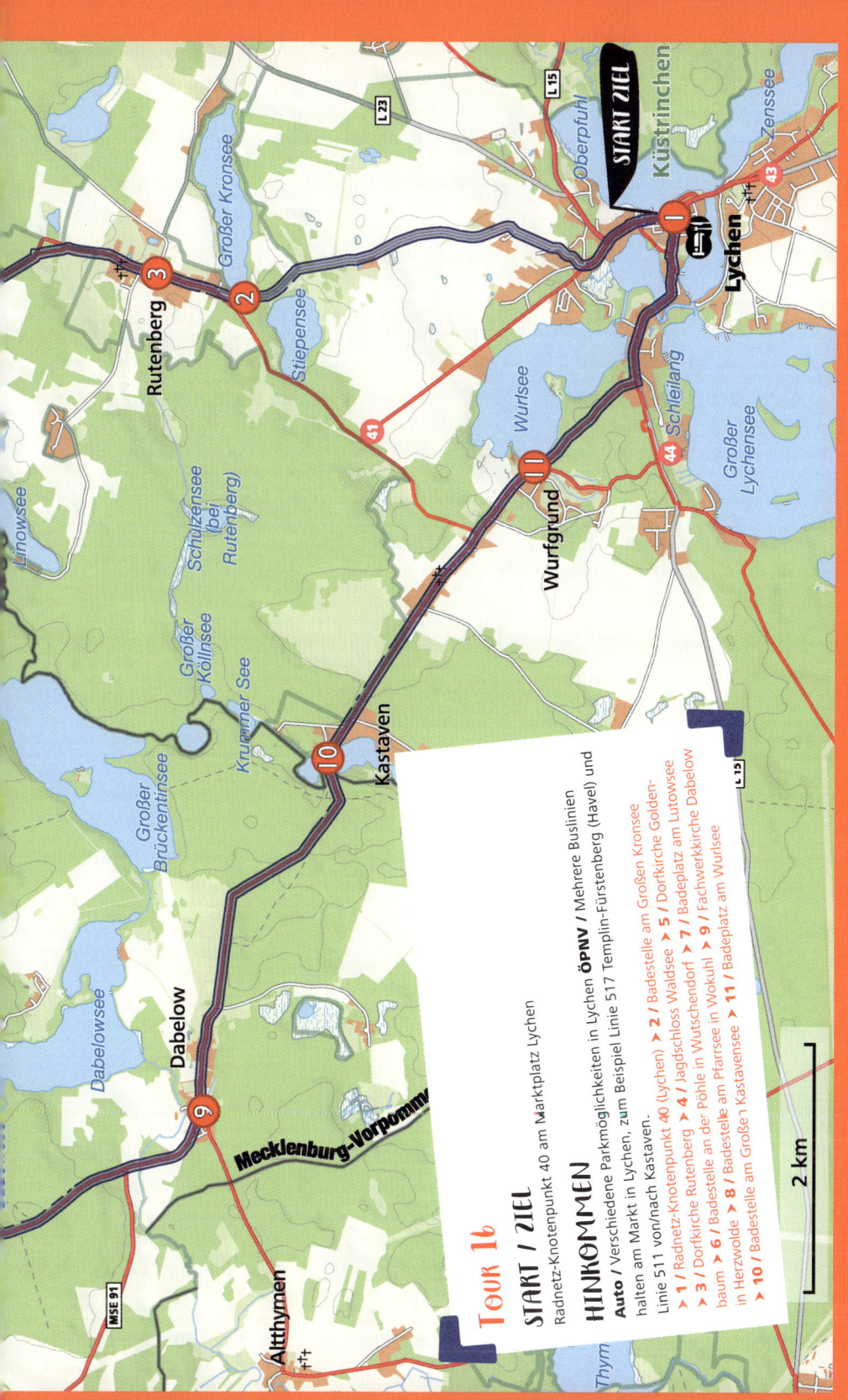

START ZIEL

Küstrinchen

Lychen

Rutenberg

3

2

41

Großer Kronsee

Stiepensee

Großer Köllnsee

Schulzensee (bei Rutenberg)

Krummer See

Großer Brückentinsee

Linowsee

Wurlsee

Schleiland

Großer Lychensee

Wurfgrund

11

44

Kastaven

10

Dabelow

9

Mecklenburg-Vorpommern

Dabelowsee

Altthymen

MSE 91

L 23

L 15

L 15

43

Oberpfuhl

Zenssee

2 km

TOUR 1b

START / ZIEL

Radnetz-Knotenpunkt 40 am Marktplatz Lychen

HINKOMMEN

Auto / Verschiedene Parkmöglichkeiten in Lychen **ÖPNV** / Mehrere Buslinien halten am Markt in Lychen, zum Beispiel Linie 517 Templin-Fürstenberg (Havel) und Linie 511 von/nach Kastaven.

➤ **1** / Radnetz-Knotenpunkt 40 (Lychen) ➤ **2** / Badestelle am Großen Kronsee ➤ **3** / Dorfkirche Rutenberg ➤ **4** / Jagdschloss Waldsee ➤ **5** / Dorfkirche Golden- baum ➤ **6** / Badestelle an der Pöhle in Wutschendorf ➤ **7** / Badeplatz am Lutowsee in Herzwolde ➤ **8** / Badestelle an der Pfarrsee in Wokuhl ➤ **9** / Fachwerkkirche Dabelow ➤ **10** / Badestelle am Großen Kastavensee ➤ **11** / Badeplatz am Wurlsee

BIKE + HIKE

Sportskanonen lassen ihr Bike am Hotel Hullerbusch stehen, setzen mit der Luzin-Fähre über und wandern über Carwitz und den Hauptmanns-berg zurück (ca. 8 km, 2 h).

➤ **1 /** Der Parkplatz am Wiesenpark ist nicht weit vom Kurpark entfernt

➤ **2 /** Herrlicher Platz für eine Pause: der Badeplatz am Schmalen Luzin

➤ **3 /** Ruhe, Frieden und schöne Aussicht: die Grab-stätte von Hans Fallada

➤ **4 /** Im Fallada-Haus und Museum erfährst du Vieles über den Schriftsteller

➤ **5 /** Im Hofladen der Schäferei Hullerbusch Bio-Lammsoljanka probieren

➤ **6 /** Die achteckige Dorfkirche Wittenhagen hat eine besondere Akkustik

➤ **7 /** Im Hofladen Conow kannst du hausgemachte Produkte kaufen

➤ **8 /** Das Fahrzeug- und Technikmuseum Fürstenau bietet DDR-Nostalgie

➤ **9 /** Der verwunschene Park Warbende hat Len-nés Gärten zum Vorbild

➤ **10 /** Zeit zum Schwim-men: am Lichtenberger Strand am Breiten Luzin

➤ **11 /** Noch mal Schwim-men? Die Badewiese Hüttenberg liegt am Weg

➤ **12 /** Nur die Füße küh-len? Auf zur Marienquelle mit Wassertretbecken

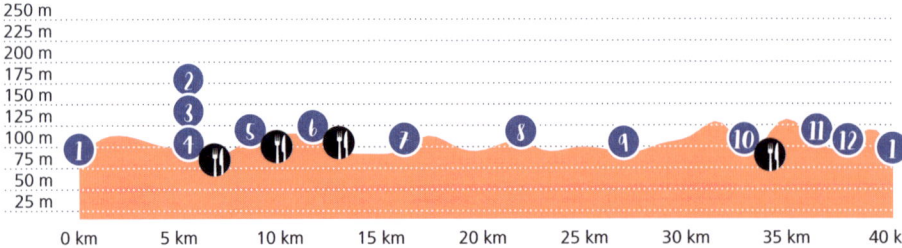

17

BEST-OF SEENLAND-SCHAFT

Die schönsten Plätze an den Feldberger Seen

Glasklares Wasser, uralte Buchenwälder, schmucke Dörfchen mit historischen Feldsteinkirchen und charmanten Cafés: Die Feldberger Seenlandschaft ist ein Refugium für Naturliebhaber und Genießer. Die Radtour verbindet etliche Höhepunkte dieser reizenden Gegend.

Von Feldberg nach Carwitz

Als Feldberger Seenlandschaft wird nicht nur die Landschaft bezeichnet, sondern auch eine Verwaltungsgemeinschaft mit insgesamt 27 Ortsteilen. Sie ist mit über 200 km² Fläche die größte Gemeinde in Mecklenburg-Vorpommern. Zentrum und Verwaltungssitz ist der anerkannte Kneipp-Kurort Feldberg. Unweit vom Kurpark startest du: beim kostenfreien 1 / Parkplatz am Wiesenpark. Folge der Radweg-Beschilderung Richtung Carwitz. Du passierst einen Supermarkt, eine Apo-

40 Kilometer
300 Höhenmeter
3:00 Stunden
Rundtour

CHARAKTER

Sportlich ●●●●○
Abkühlung ●●●●●
Schlemmen ●●●●●
Panorama ●●●●○

TOURENINFO / Die Tour ist nicht allzu lang, aber es gibt mehr Auf und Ab als bei vielen anderen Runden. Auch verlaufen größere Strecken auf unbefestigten Wegen. Allerdings kannst du dich an mehreren Stellen erfrischen und gut einkehren.

◄ **links / So geht Urlaub: Traumhafte Stimmung am Feldberger Haussee**

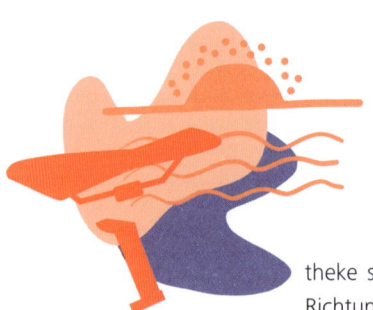

theke sowie eine Tankstelle, danach verlässt du den Kreisverkehr Richtung „Carwitz 5,5 km" (erste Ausfahrt). Rechter Hand befindet sich der ehemalige Bahnhof. Etwa 100 m nach dem Bistro biegst du links ab in den Küstersteig (Einbahnstraße, Fahrräder frei) und verlässt somit die markierte Radroute. Folge dem Küstersteig zum Wertstoffhof: Links vom Gelände beginnt ein sandiger Feldweg. Auf ihm erreichst du nach reichlich 1,7 km Fahrt die Verbindungsstraße zwischen Neuhof und Carwitz. Überquere sie vorsichtig und folge dem Straßenradweg nach links. Bei der großen Holztafel „Naturpark Feldberger Seenlandschaft" an einem Parkplatz biegst du links ab und radelst nach Carwitz. Am Ortsrand steht die Windmühle, die gelegentlich besichtigt werden kann. Ein paar Meter tiefer liegt der 2 / Badeplatz am Schmalen Luzin – ideal für eine erste Pause.

PANORAMA ÜBER FELDBERG

Abstecher hinterm ehemaligen Bahnhof Feldberg: Über die Straße Am Rosenberg und den anschließenden Feldweg gelangst du zum Aussichtsturm Rosenberge.

Sehenswertes in Carwitz

Rund 150 m Richtung Ortsmitte befindet sich die erste Sehenswürdigkeit: die 3 / Grabstätte von Hans Fallada. Das Urnengrab des Schriftstellers, dessen Romane „Kleiner Mann – was nun?", „Wolf unter Wölfen", „Jeder stirbt für sich allein" und „Der Trinker" allesamt Welterfolge wurden, befindet sich links hinten auf dem Friedhof. Über die Mauer blickt man auf den Schmalen Luzin. Vom Friedhof radelst du durch den hübschen Ort mit Restaurants und Cafés. Die über 300 Jahre alte Dorfkirche besitzt einen wertvollen Kanzelaltar mit zwei Altarflügeln aus dem 15. Jh., die vermutlich zu einem Altar aus dem Lübecker Raum gehörten. Ebenfalls aus der Zeit um 1500 stammen eine Figur des Heiligen Valentin sowie das Kruzifix, das über dem Klavier hängt. Von der Kirche rollst du wenige Meter zum lauschigen Rastplatz am Bäk. Das Bächlein führt Wasser aus dem Schmalen Luzin zum Carwitzer See. Die Carwitzer Straße verläuft in einer Rechtskurve zum 4 / Fallada-Haus und Museum (ganzjährig geöffnet, www.fallada.de/museum-start): Hier lebte der Schriftsteller von 1933 bis 1944. Nach der Besichtigung seines Hauses strampelst du zurück zum Rastplatz am Bäk und biegst rechts ab („Hullerbusch 2,1 km").

> ➤ **rechts / Radelpause am Lichtenberger Strand: Der Breite Luzin hat besonders sauberes Wasser**

KM 32,8

Der 10 / Lichtenberger Strand am
Breiten Luzin gehört zu den be-
liebtesten Badeplätzen der Feldberger
Seenlandschaft. Es gibt eine große
Liegewiese mit Bänken und schatten-
spendenden Bäumen, eine Schwimm-
insel und einen Beachvolleyballplatz.
In der Sommersaison versorgt ein
Kiosk die Badegäste mit Getränken
und Snacks.

HALBINSEL BOHNENWERDER

Vom 4 / Fallada-Haus und Museum kannst du einen leichten Spaziergang auf die Halbinsel Bohnenwerder machen. Am kleinen Südstrand wird FKK praktiziert.

Von Carwitz auf den Hullerbusch

Hinauf auf den eiszeitlichen Höhenrücken: Das Straßenschild „Vorsicht Schafe" lässt erahnen, dass du dich der 5 / Schäferei Hullerbusch näherst. Aufgepasst: Nicht die erste Einfahrt zur Schäferei benutzen – der Zugang zum Hofladen ist beschildert! Im Hofladen gibt es auch warmes Essen, zum Beispiel Soljanka vom Bio-Lamm (Mi-So 11-17 Uhr, www.schaeferei-hullerbusch.de). Gut 300 m weiter lädt das Restaurant in der historischen Villa Hullerbusch zur Einkehr ein (www.hotel-hullerbusch.de). Hier solltest du dein Bike anschließen und zu Fuß an den Schmalen Luzin hinabsteigen. Von Juni bis Oktober kannst du dich mit der handbetriebenen Seilfähre ans andere Ufer übersetzen lassen (www.luzinfaehre.de). Dort betreiben die Fährleute einen Imbiss und verkaufen Souvenirs. Außerdem kann man Ruder- und Tretboote, Kanus, Kajaks und Stand-Up-Paddles ausleihen, um den Schmalen Luzin zu erkunden.

Über Wittenhagen nach Conow

Vom Hotel Hullerbusch radelst du geradeaus in die Sackgasse und nutzt die für Durchgangsverkehr gesperrte Straße nach Wit-

tenhagen. Im Gutshof ist das Luzintheater eingezogen (www.
luzintheater.de). Vorbei am Café und Restaurant Schwalbennest gelangst du zur achteckigen 6 / Dorfkirche Wittenhagen. Am Kreisverkehr nach der Kirche fährst du Richtung „Conow 3,9 km" (erste
Ausfahrt). Dort angekommen zweigst du nicht bei, sondern wenige
Meter nach (!) der Bushaltestelle links ab in die Wilhelm-Gotsmann-
Straße und stoppst am 7 / Hofladen Conow, bevor du auf dem beschilderten Postweg nach Boisterfelde fährst.

Landleben, DDR-Nostalgie…

Hinterm Friedhof Boisterfelde zweigst du links ab, radelst durchs
Dorf und folgst dem unbefestigten Fahrweg nordostwärts. Nach
2,3 km erreichst du eine kerzengerade Asphaltstraße, auf der du
nach links fährst. Nachdem du die nächste Straße überquert hast,
kommst du zum 8 / Fahrzeug- und Technikmuseum Fürstenau, eine
sehenswerte Privatsammlung (geöffnet Apr-Okt Mi-Fr 10-16 Uhr
und an Feiertagen, www.museum-fuerstenau.de).

…und ein Bisschen Safari-Feeling

Am Museum nimmst du den Schotterweg nach rechts. Geheimtipp: Wenn du sofort links und kurz darauf nochmals links abbiegst,

34

Meter tief und umgeben
von Steilhängen, an
denen uralte Buchen
wachsen: Der Schmale
Luzin ist ein Naturjuwel.
Den herrlichen Uferweg
von Carwitz zur Luzin-
Fähre erklärt der Autor
im KOMPASS-Wan-
derführer „Mecklen-
burgische Seenplatte"
zur Lieblingstour. Bitte
wandern – nicht radeln!

‹ links / Friedvoll: Von Hans Falladas letzter Ruhestätte blickt man
auf den Schmalen Luzin ⌃ oben / So begrüßt das Café und Restaurant
Schwalbennest in Wittenhagen die Radfahrer

kommst du zur gepflegten Badestelle am Fürstenauer See. Ansonsten fährst du bei den Häusern Fürstenau 12-14 in den mittleren von drei Wegen. An einer Y-Kreuzung hinter einer Baumgruppe hältst du dich links – vor einer kleinen Gehölzgruppe bei einem Steinhaufen biegst du erneut links ab. Die Safari endet an einem Asphaltsträßchen, dem du nach links folgst.

Parkspaziergang und Strandvergnügen

Bis Warbende gibt es keine Abzweige. Gönn dir einen Spaziergang durch den 9 / Park Warbende. Am Parkeingang befindet sich der Radnetz-Knotenpunkt 22: Orientiere dich dort und an weitere Stellen an den Wegweisern Richtung Feldberg und Lichtenberg. Bei den Stallanlagen am Ortsrand von Lichtenberg vertraust du dem Schild zum 10 / Lichtenberger Strand am Breiten Luzin.

ZWEI UNGLEICH SCHÖNE
Im gepflegten Kurpark Feldberg gibt es Blumenbeete, Bänke und ein Wassertretbecken. Der Wiesenpark ist ein Naturareal, durch das ein Bohlenweg führt.

Frische Waldluft, See- und Quellwasser

Nach der Badepause fährst du Richtung Feldberger Hütte. In etwas Abstand zum Seeufer strampelst du durch schattigen Wald bergan. Ignoriere alle rechts abzweigenden Wege. Du kommst an bronzezeitlichen Hügelgräbern vorbei, dann rollst du hinunter zur 11 / Badewiese

KM 26,9

Der 9 / Park Warbende wird oft als Lenné-Park bezeichnet, obwohl eine Beteiligung des berühmten Gartengestalters nicht nachweisbar ist. Fest steht, dass der Gutsbesitzer Alexander Springfeld den Park anlegen ließ. Vom Gutshaus ist nichts mehr übrig, aber im verwunschenen Park kannst du unter herrlichen alten Bäumen Denk- und Grabmale aufspüren.

Hüttenberg. Dahinter biegst du beim Forsthaus Feldberger Hütte, das als Ferienhaus gemietet werden kann, scharf rechts ab und umrundest die Nordbucht des Haussees zur 12 / Marienquelle mit Wassertretbecken. Am Weiterweg Richtung Feldberg passierst du eine zweite Quelle: die Nymphenquelle.

Ausspannen in Feldberg

Beim Waldhotel und Restaurant Stieglitzenkrug mündet der Radweg in eine Fahrstraße. Biege links ab und fahre sofort wieder links („Haus des Gastes") und weiter Richtung Zentrum. Am kleinen Kreisverkehr rollst du geradeaus über eine Brücke – rechter Hand ist der Wiesenpark, links der Kurpark am Haussee. Fahre geradeaus bis zur Strelitzer Straße: Links geht's zur Ortsmitte, rechts zum 1 / Parkplatz am Wiesenpark.

‹ links / Die alte Kastanienallee zum einstigen Gusthaus im Park Warbende ⌃ oben / Geheimtipp: Die gepflegte Badestelle am Fürstenauer See kennen fast nur Einheimische

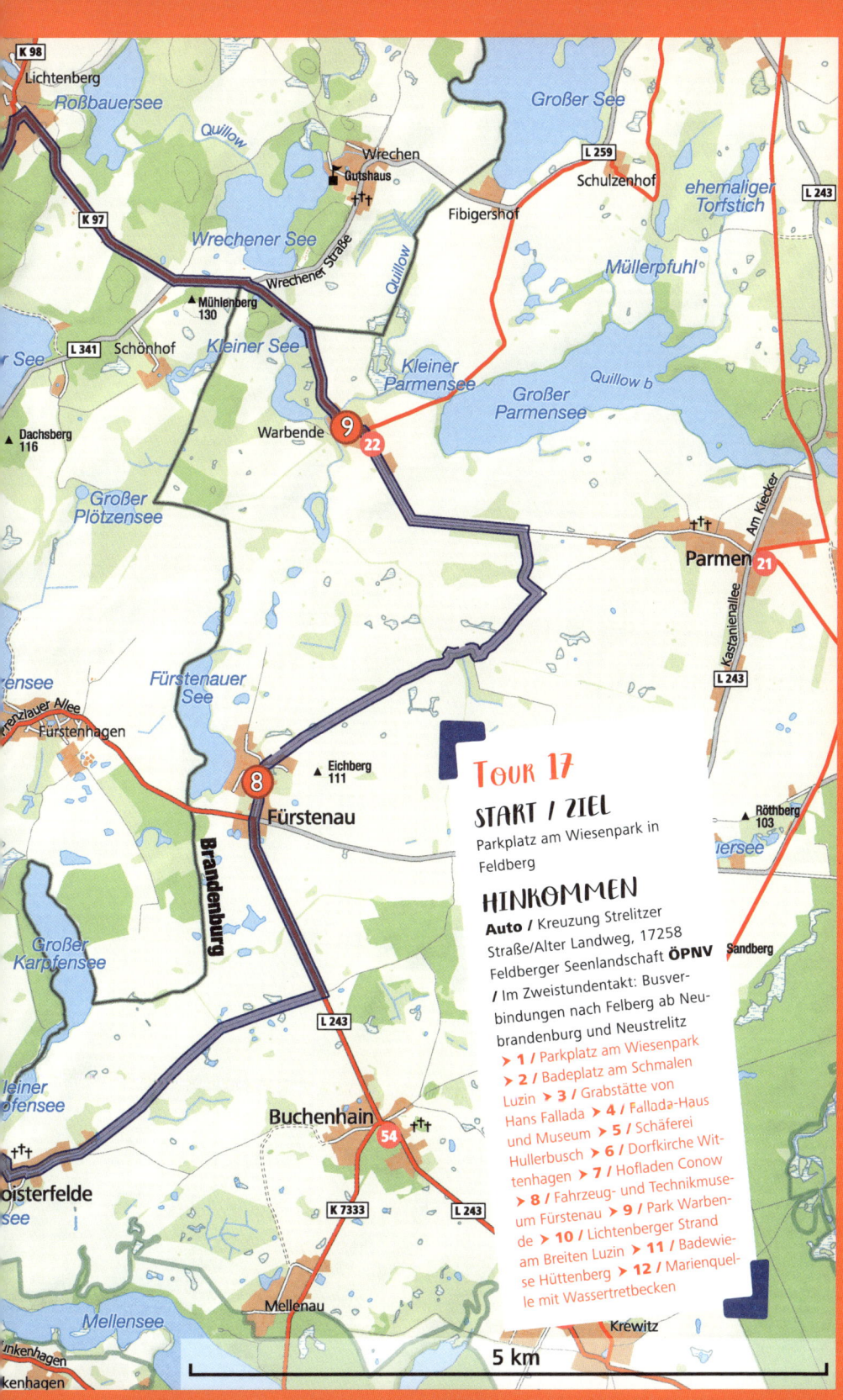

K 98
Lichtenberg
Roßbauersee
Quillow
Großer See
Wrechen
Gutshaus
L 259
Schulzenhof
ehemaliger Torfstich
L 243
K 97
Fibigershof
Wrechener See
Wrechener Straße
Quillow
Müllerpfuhl
Mühlenberg 130
L 341
Schönhof
Kleiner See
Kleiner Parmensee
Großer Parmensee
Quillow b
Dachsberg 116
Warbende **9 22**
Großer Plötzensee
Am Klecker
Parmen **21**
Fürstenauer See
Kastanienallee
L 243
renzlauer Allee
Fürstenhagen
Eichberg 111
Röthberg 103
ensee
8
Fürstenau
ersee
Brandenburg
Großer Karpfensee
Sandberg
L 243
leiner
ofensee
Buchenhain **54**
oisterfelde
see
K 7333
L 243
Mellensee
Mellenau
Krewitz
inkenhagen
kenhagen

5 km

TOUR 17

START / ZIEL
Parkplatz am Wiesenpark in Feldberg

HINKOMMEN
Auto / Kreuzung Strelitzer Straße/Alter Landweg, 17258 Feldberger Seenlandschaft **ÖPNV /** Im Zweistundentakt: Busverbindungen nach Felberg ab Neubrandenburg und Neustrelitz

> 1 / Parkplatz am Wiesenpark **> 2 /** Badeplatz am Schmalen Luzin **> 3 /** Grabstätte von Hans Fallada **> 4 /** Fallada-Haus und Museum **> 5 /** Schäferei Hullerbusch **> 6 /** Dorfkirche Wittenhagen **> 7 /** Hofladen Conow **> 8 /** Fahrzeug- und Technikmuseum Fürstenau **> 9 /** Park Warbende **> 10 /** Lichtenberger Strand am Breiten Luzin **> 11 /** Badewiese Hüttenberg **> 12 /** Marienquelle mit Wassertretbecken

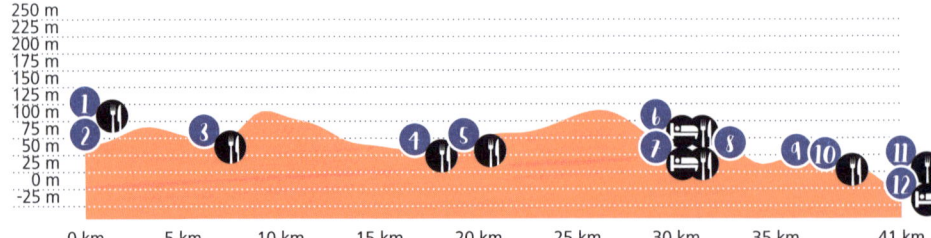

KULINARISCHES ANDENKEN

An der Burg Stargard wird Wein angebaut. Der Mecklenburgische Landwein ist eine Rarität und wird nur vor Ort verkauft. Ich kaufe ihn sehr gern.

> **1 /** Vom Hauptbahnhof Neustrelitz ist es nicht weit zum Markt

> **2 /** Der Glambecker See ist ein kleiner Badesee mitten in der Stadt

> **3 /** Sehenswert: das Gutshaus Weisdin und die achteckige Kirche

> **4 /** Die Klosterkirche Wanzka war ein bedeutender Glaubensort

> **5 /** In der Dorfkirche Blankensee kostbare Kunst bestaunen

> **6 /** Die Burg Stargard ist Deutschlands nördlichste Höhenburg

> **7 /** Am Marktplatz Burg Stargard kannst du ein Eis schlecken

> **8 /** Beginn des Lindetal-Wegs durch das Landschaftsschutzgebiet

> **9 /** Im Findlingsgarten die Zeugen der letzten Eiszeit bestaunen

> **10 /** Noch ein Eis? An der Hintersten Mühle wirst du eiskalt bedient

> **11 /** Das Stargarder Tor ist ein Wahrzeichen Neubrandenburgs

> **12 /** Vom Hauptbahnhof Neubrandenburg zurück nach Neustrelitz

18

ALLES NEU, ODER WAS?

One-Way von Neustrelitz nach Neubrandenburg

Neustrelitz und Neubrandenburg eint mehr als die Vorsilbe. Neu sind die Städte allerdings nicht: Im Herzogtum Mecklenburg-Strelitz waren sie historische Schauplätze für viele Ereignisse. Unsere Streckentour zieht einen Bogen über die Burg Stargard, der ebenso große Bedeutung zukommt.

Die Residenzstadt Neustrelitz

Das alte Strelitz, heute ein Ortsteil von Neustrelitz, war Hauptresidenz der Herzöge von Mecklenburg-Strelitz. Nachdem das erste Residenzschloss niedergebrannt war, ließ Großherzog Adolf Friedrich III. sein Jagdhaus zum neuen barocken Residenzschloss umbauen. Nebenan entstand Neustrelitz als spätbarocke Planstadt. Europaweit einzigartig ist der Grundriss, der einem italienischen Ideal nacheifert. Vom quadratischen Markt zweigen strahlenförmig acht Straßen

41 Kilometer
330 Höhenmeter
330 Höhenmeter
3:15 Stunden
Streckentour

CHARAKTER

Sportlich ●●●○○
Abkühlung ●●○○○
Schlemmen ●●●●○
Panorama ●●●●○

TOUR, DIE DU SO NIE GEMACHT HÄTTEST

TOURENINFO / Fast ausschließlich asphaltierte Radwege und Landstraßen, allerdings sind einige Höhenunterschiede zu überwinden. Es gibt zwei gute Bademöglichkeiten an der Strecke sowie mehrere Einkehrmöglichkeiten. Beachte für die Rückfahrt die Fahrpläne der RE-Linie Rostock-Berlin.

◀ links / Unbedingt ansehen, ob vor oder nach der Tour: die Schlosskirche Neustrelitz

ab. Im 19. Jh. entstanden repräsentative Gebäude nach Plänen des Schinkel-Schülers Friedrich Wilhelm Buttel, zudem der Hafen am Zierker See sowie der Kammerkanal, welcher die Schifffahrt nach Berlin und Hamburg ermöglichte. Das neue Residenzschloss wurde im Zweiten Weltkrieg zerstört. Erhalten blieb der Schlossgarten mit zahlreichen Kleindenkmälern, der Schlosskirche und der Gedächtnishalle für Königin Luise von Preußen.

Zum Gutshaus Weisdin…

Unsere Radtour beginnt am 1 / Hauptbahnhof Neustrelitz. Fahre die Einbahnstraße bis zum Stoppschild entlang und zweige rechts ab. Bleibe auf der Vorfahrtsstraße und folge ihr nach links in die Luisenstraße. Nach wenigen Metern – vor dem Sauna-Fachgeschäft – biegst du rechts ab. Am Ufer des 2 / Glambecker Sees radelst du nach links. Kurz vor dem kleinen Spielplatz verlässt du das Ufer hinauf zur Hohenzieritzer Straße und rollst auf dem Radweg nach rechts. Du saust am Neuen Friedhof vorüber, überquerst nach der Tankstelle die Bundesstraße und vertraust an mehreren Stellen den Radwegweisern Richtung Neubrandenburg. Bis zur Brücke über die Lloydbahn (Bahnstrecke Neustrelitz-Warnemünde) strampelst du bergan, danach wechselst du die Straßenseite. Es ist nicht mehr allzu weit bis Weisdin. Wichtig: Verlasse am Ortsschild den Radweg und fahre auf der Straße weiter, so dass du rechts in die Schlossallee einbiegen und zum 3 / Gutshaus Weisdin rollen kannst. Der Erbauer des barocken Herrenhauses, Gotthard Carl Friedrich von Peckatel, hatte keine männlichen Nachkommen und verkaufte es daher an das Haus Mecklenburg-Strelitz. Zu DDR-Zeiten wurde es als Schule und Gaststätte genutzt, heute ist es in Privatbesitz. Aus derselben Zeit wie das Gutshaus stammt die achteckige Dorfkirche, die in einer Sichtachse zu ihm erbaut wurde.

BADEN AM LANGEN SEE

In Weisdin von der Schlossallee in die Straße Am Langen See abbiegen – der Zugang zur Badestelle am Langen See befindet sich zwischen Holzgartenzaun und Metalltor.

➤ **rechts oben / Burg Stargard wurde zwischen 1236 und 1260 als Hofburg der Markgrafen von Brandenburg erbaut**

KM 30,3

Brandenburger Markgrafen ließen 6 / Burg Stargard zum Schutz ihrer nördlichsten Landesteile erbauen. Durch Heirat der Beatrix von Brandenburg mit Fürst Heinrich II. zu Mecklenburg wurden Burg und Stadt mecklenburgisch. Im Dreißigjährigen Krieg war die Burg das Hauptquartier von General Tilly, der Neubrandenburg belagerte und erstürmte.

INTERESSANTES GOTTESHAUS

Die unübersehbare Stadtkirche am 7 / Marktplatz Burg Stargard wurde zigfach umgebaut. Sie entstand als dreijochige Basilika breits um 1225/1250.

…und zur Klosterkirche Wanzka

Hinter der Kirche nutzt du noch einmal den Radweg an der B 96. Nach etwa 800 m biegst du rechts ab in die Straße nach Blumenhagen. Am Mürtzsee linker Hand kann man nicht baden, aber gut ausruhen. Danach geht's durch Blumenhagen und etwa 3 km durch den Wald. Achte auf den Abzweig „Rollenhagen 2,5 km" und folge der Millionenstraße – wahrscheinlich hat der Bau des Betonplattenwegs viel Geld verschlungen. Nach einer Talfahrt biegst du links ab – Radwegweiser „Rollenhagen 1,5 km", Wanderweg-Markierung Blauer Balken. Bis Rollenhagen rollst du eher unbequem – teils auf sandigem, teils grasüberwachsenem Weg. Belohnt wirst du mit herrlicher Landschaft. In Rollenhagen triffst du auf die ehemalige Dorfkirche, einen interessanten Feldsteinbau ohne Turm, der heute als Wohn- und Veranstaltungsgebäude genutzt wird. Nun hältst dich rechts gen „Rödlin 3,0 km". Bald fährst du neben der Berliner Nordbahn (Bahnstrecke Berlin-Stralsund). Am Bahnübergang Rödlin querst du nicht die Gleise, sondern biegst links ab und strampelst am Ufer des Wanzkaer Sees nordwärst. Am Ortseingang befindet

sich linker Hand eine schöne Badestelle; halbrechts hinauf gelangst du nach kurzem Anstieg zurehemaligen 4 / Klosterkirche Wanzka.

Über Blankensee zur Burg Stargard

Durch den Torbogen und auf der gepflasterten Dorfstraße zum Ballwitzer Weg: Folge ihm und anschließend der Straße nach Blankensee. Die 5 / Dorfkirche Blankensee stammt aus dem 14. Jh. und besitzt einige Kostbarkeiten: einen venezianischen Taufbrunnen (erste Hälfte 11. Jh.), ein Renaissance-Wandbild und einen barocken Kanzelaltar. Vor dem Landgasthof Erbkrug (www.pension-erbkrug.de) biegst du links ab und radelst durch Felder, Wiesen und Wälder bis Godenswege. Am Kreisverkehr glaubst du dem Radwegweiser „Burg Stargard 6,0 km". Nach der Ortsdurchfahrt geht es noch leicht bergan, aber bald bergab. Am Vorfahrtsschild hältst du dich rechts. Die Talfahrt endet am Ortsschild von Burg Stargard – so heißt der gesamte Ort, nicht nur die Burg. Biege rechts ab und mühe dich über Kopfsteinpflaster hinauf zur 6 / Burg Stargard auf dem 90 m hohen Burgberg. Pause! Nach einem Rundgang kannst du im Burgrestaurant oder im Café einkehren (Mrz.-Okt. tgl. 10-17 Uhr, www.hoehenburg-stargard.de).

1290

wurde die Klosterkirche Wanzka durch Bischof Heinrich von Havelberg geweiht. Leider brannte sie 1833 bis auf die Außenmauern ab – die wertvolle Innenausstattung wurde komplett zerstört. Ab 1840 erfolgte der Wiederaufbau nach Plänen von Friedrich Wilhelm Buttel.

‹ links / Morgenstimmung: Sonnenaufgang am Mürtzsee bei Weisdin ∧
oben / Ideal für eine erfrischende Pause: die Badestelle am Wanzkaer See

Das Landschaftsschutzgebiet Lindetal

Nun rollst du steil hinab zur Altstadt. Folge der Langen Straße zum 7 / Marktplatz Burg Stargard. Dort fährst du links und biegst hinter dem Eisladen rechts in den Papiermühlenweg ein. Verlasse ihn nicht, bis du zu einer Infotafel am 8 / Beginn des Lindetal-Wegs kommst. Du radelst reichlich 4 km durch das Landschaftsschutzgebiet Lindetal, passierst den Mountainbike-Park am Kiessee und erreichst den 9 / Findlingsgarten. Auf der Betonplattenstraße fährst du weiter und zweigst, nachdem du das ehemalige Bahnstellwerk Hinterste Mühle passiert hast, vor einem kleinen Parkplatz links ab Richtung Stadtzentrum. Unser Weg verläuft über das Gelände der 10 / Hintersten Mühle und folgt noch ein Stück dem Lindetal. Später führt er in einer 180-Grad-Linkskurve zur Bundesstraße.

LECKERES SOFTEIS

Die 10 / Hinterste Mühle ist samstags, sonntags und feiertags von 12 bis 18 Uhr ein beliebtes Ausflugsziel: An diesen Tagen hat die Eismanufaktur Winterfeldt geöffnet.

Die Vier-Tore-Stadt Neubrandenburg

Nutze die Unterführung und biege beim Vorfahrtsschild rechts ab in die Wilhelm-Külz-Straße. An der Bushaltestelle Wilhelm-Külz-Straße zweigt links ein Weg ab, der mit „Stadtzentrum" beschildert ist und am schmalen Linde-Flüsschen bis zu

KM 36,4

Beim Kiesabbau kamen jede Menge eiszeitlicher Geschiebe zu Tage, die nun im 9 / Findlingsgarten am Rande des Landschaftsschutzgebiets Lindetal ausgestellt sind. Die Gesteinsarten und deren Herkunft werden ebenso erklärt wie die eiszeitliche Geologie im Allgemeinen sowie die Geschichte des Kiesabbaus.

der großen Straßenkreuzung beim 11 / Stargarder Tor verläuft. Das Stargarder Tor ist eines der vier Tore, die der Stadt den Beinamen Vier-Tore-Stadt einbrachten. Auch das Friedländer Tor, das Neue Tor und das Treptower Tor sind europaweit herausragende Beispiele der Backsteingotik. Zwischen den Toren sind bis heute Teile der mittelalterlichen Stadtmauer erhalten, in die einst über 50 Wiekhäuser eingebaut waren (siehe Tour 15). Während du vom Stargarder Tor kerzengerade durch die Innenstadt zum 12 / Hauptbahnhof Neubrandenburg radelst, fällt inmitten von modernen Zweckbauten die Konzertkirche auf. Die St.-Marien-Kirche war Hauptpfarrkirche der Stadt, wurde jedoch am Ende des Zweiten Weltkriegs weitgehend zerstört. 2001 hat man sie wiederaufgebaut. Rings um den Marktplatz findest du viele Geschäfte, Restaurants und Cafés. Gönn dir eine Schlusseinkehr, bevor du die Tour beendest.

◄ links / Stille Zeugen der letzten Eiszeit sind im Findlingsgarten am Lindetal versammelt ⌃ oben / Neubrandenburgs historische Sehenswürdigkeit Nummer eins ist die Stadtmauer mit ihren vier Stadttoren

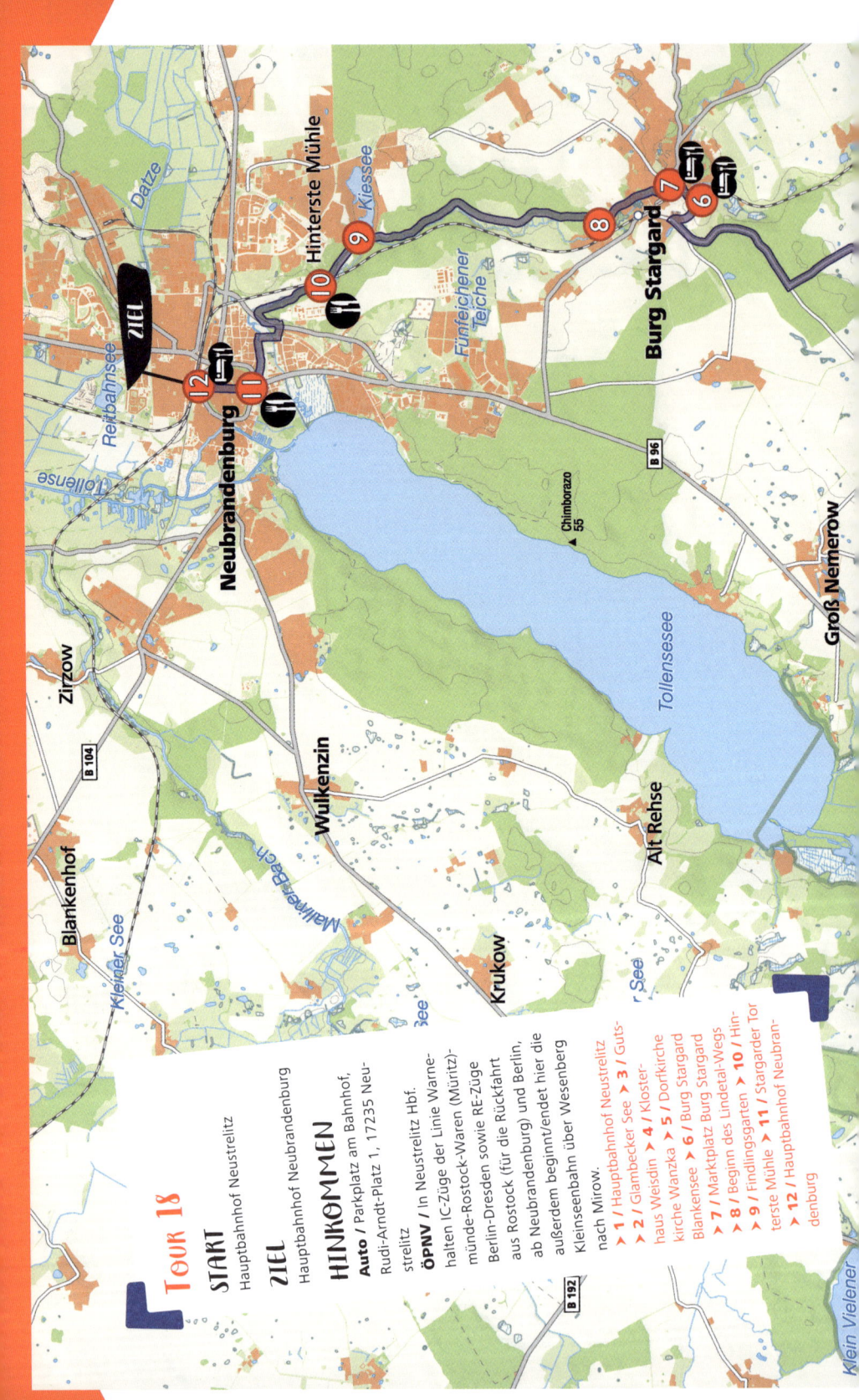

TOUR 18

START
Hauptbahnhof Neustrelitz

ZIEL
Hauptbahnhof Neubrandenburg

HINKOMMEN

Auto / Parkplatz am Bahnhof, Rudi-Arndt-Platz 1, 17235 Neustrelitz

ÖPNV / In Neustrelitz Hbf. halten IC-Züge der Linie Warnemünde-Rostock-Waren (Müritz)-Berlin-Dresden sowie RE-Züge Berlin-Dresden. Für die Rückfahrt aus Rostock (für die Rückfahrt ab Neubrandenburg) und Berlin, außerdem beginnt/endet hier die Kleinseenbahn über Wesenberg nach Mirow.

> 1 / Hauptbahnhof Neustrelitz > 3 / Guts-
> 2 / Glambecker See > 4 / Kloster-
haus Weisdin > 5 / Dorfkirche
kirche Wanzka > 6 / Burg Stargard
Blankensee > 7 / Marktplatz Burg Stargard
> 7 / Marktplatz Burg Stargard
> 8 / Beginn des Lindetal-Wegs > 10 / Hin-
> 9 / Findlingsgarten > 11 / Stargarder Tor
terste Mühle > 12 / Hauptbahnhof Neubrandenburg

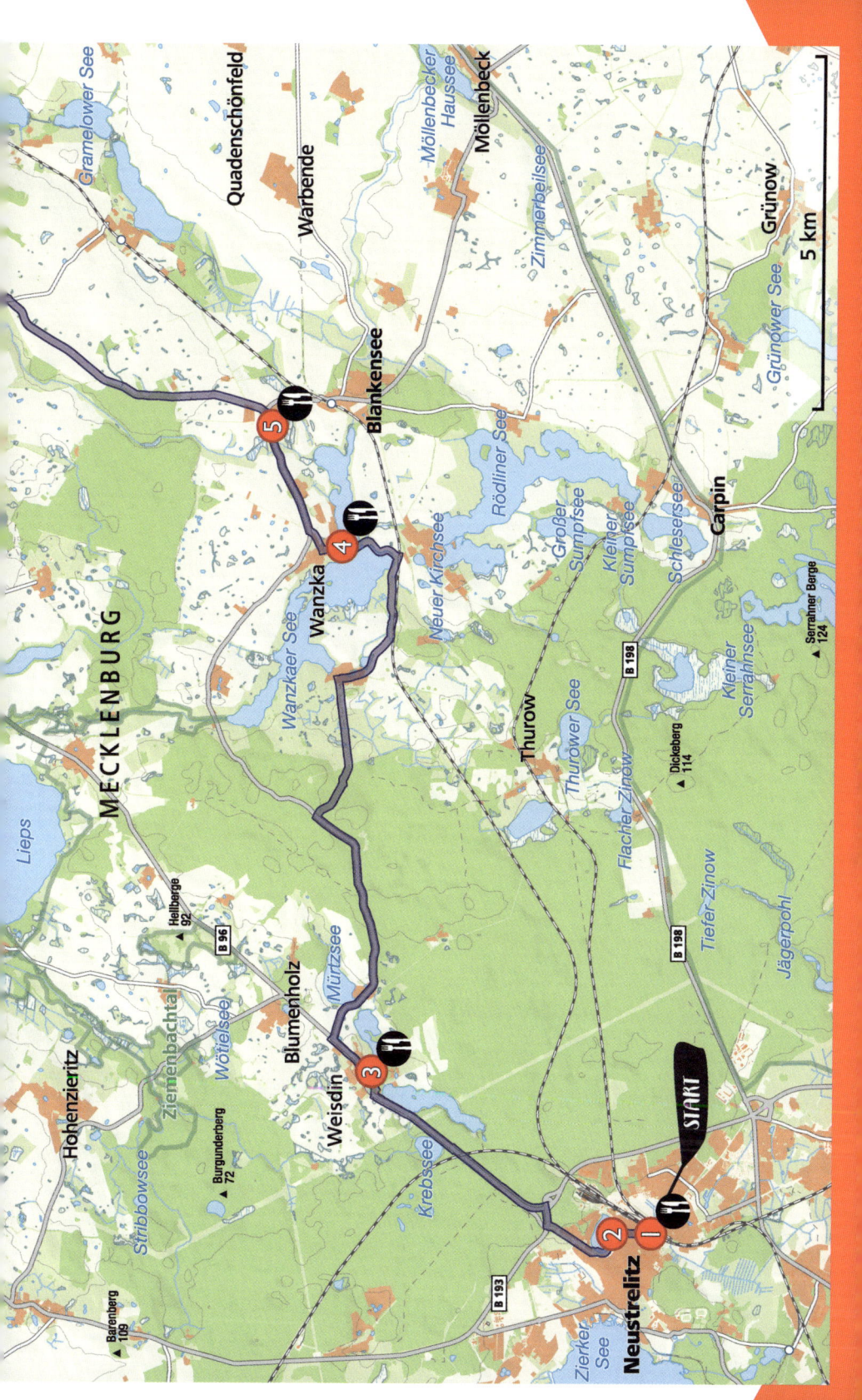

GUT BEPACKT
geht's auf Erkundungstour
mit unseren Tagestouren!

WOCHENEND-BIKEAWAYS

MINI-URLAUBS-TOUREN MIT ÜBERNACHTUNG

FISCHSÜLZE PROBIEREN!

Wenn ich um die Müritz radle, stoppe ich auf jeden Fall an der Fischerhütte am Hafen Sietow. Meine Empfehlung: Fischsülze! Und dazu ein Lübzer Pils.

> 1 / Am Bahnhof Waren starten alle, die mit der Bahn an- und abreisen

> 2 / An der Kreuzung am Müritzeum beginnt die eigentliche Rundfahrt

> 3 / Das Seehotel Schloss Klink ist ein mondänes Neorenaissance-Domizil

> 4 / Der Hafen Sietow-Dorf mit Fisch-Imbiss ist ein schöner Rastplatz

> 5 / Im Stadthafen Röbel die Boote, Fischer und Touristen beobachten

> 6 / Rund um den Marktplatz Röbel die Altstadt erkunden

> 7 / Gutshaus und Oktogonkirche Ludorf sind erstaunliche Bauwerke

> 8 / Am Hafen Rechlin ein erstes oder zweites Frühstück verdrücken

> 9 / Die Marina am Claassee ist einer der größten Müritz-Häfen

> 10 / Top-Aussicht bietet die Aussichtsplattform Doppelkiefergraben

> 11 / Schwarzenhof: Nationalpark-Hotel und Restaurant plus Infostelle

> 12 / Für die vorgezogene Schlusseinkehr empfiehlt sich der Müritzhof

200 m
175 m
150 m
125 m
100 m
75 m
50 m
25 m
0 m

0 km   20 km   40 km   60 km   80 km   94 km

19

DAS KLEINE MEER

Zwei erlebnisreiche Tage
rund um die Müritz

Müritz heißt slawisch soviel wie „kleines Meer". Das Aushängeschild der Seenplatte konkurriert mit dem Bodensee um den Titel „größter See Deutschlands". Der Nordosten des „kleinen Meeres" gehört zum Müritz-Nationalpark. Er schützt großartige Natur zu Land und Wasser.

Waren, die Hauptstadt der Müritz

Unsere zweitägige Rundfahrt beginnt am 1 / Bahnhof Waren (Müritz), wo neben Regionalzügen auch Intercity-Züge halten. Du fährst links vom Gebäude der AVIS-Autovermietung in die Lloydstraße und biegst rechts ab in die Malchiner Straße mit Fuß- und Radweg. Nach einer Linkskurve folgst du der Bahnhofstraße zum Kreisverkehr und verlässt diesen an der ersten Ausfahrt. Auf der Langen Brücke überquerst du die Eisenbahngleise und die Bundesstraße. Den folgenden Kreisverkehr

Tag 1 + Tag 2
33 + 61 Kilometer
130+130 Höhenmeter
2:30 + 4:15 Stunden
Rundtour

CHARAKTER

Sportlich ●●●○○
Abkühlung ●●●●○
Schlemmen ●●●●●
Panorama ●●●●●

TOURENINFO / Da die Tour überwiegend dem Müritz-Rundweg folgt, ist die Orientierung leicht. Der Radweg ist gut ausgebaut, es gibt kaum schwierige Stellen. Bis Röbel gibt es viele Bademöglichkeiten, am zweiten Tag höchstens improvisierte. Einkehr und Übernachtung? Für jeden Geschmack und Geldbeutel!

◀ links / Das „kleine Meer": Blick über die Müritz vom Turm der St.-Marien-Kirche Röbel

verlässt du an der dritten Ausfahrt Richtung Hafen. Linker Hand befindet sich das Müritzeum (www.mueritzeum.de). Neben modernen Ausstellungen zur Natur rund um die Müritz, den Aquarien und dem Freigelände können Besucher die naturhistorischen Landessammlungen ansehen, die auf die Privatsammlung von Hermann Freiherr von Maltzan zurückgehen.

Auf einem Holzsteg durch Sumpf

An der 2 / Kreuzung beim Müritzeum – vor dem großen Hafengebäude, in dem man Fahrkarten für die Blau-Weiße Flotte kaufen kann – hältst du dich rechts und folgst dem Radweg im Grüngürtel neben der Kietzstraße. Links befindet sich der Schiffsanleger Kietzbrücke. Der Radweg geht in die Gerhard-Hauptmann-Allee über, die als Fahrradstraße gekennzeichnet ist. Anschließend führt er am Volksbad Waren entlang. Biege hinterm Beachvolleyball-Platz links ab. Auf dem Holzsteg durch die Sumpflandschaft musst du vorsichtig fahren, Fußgänger und Radfahrer teilen sich diesen attraktiven Weg. Nach dem Café und Restaurant Zum Klönpott gibt es beim Kletterwald Waren eine große Radweg-Infotafel: Dort fährst du geradeaus.

VOLKSBAD WAREN

Es ist eines der ältesten Warener Freibäder, besitzt einen 200 m langen Sandstrand, einen Flachwasserbereich für Kinder und 3 ha Liegewiesen. / 15.5.-10.9. 9-18 Uhr

Von der Stillen Bucht nach Klink

Auf dem Weg zum Yachthafen Müritz passierst du den Campingplatz in der Stillen Bucht – hier gibt es einen Hundestrand. Am Yachthafen entfernt sich der Müritz-Rundweg vom See: Du radelst auf einem schönen Waldweg zur B 92 und überquerst gemeinsam mit der Bundesstraße den Reeckkanal, der die Binnenmüritz mit dem Kölpinsee verbindet. Hinterm letzten Haus führt dich der Radweg halblinks in den Wald hinein. Halte dich erneut links und folge etwa 3 km lang dem Müritz-Rundweg durch den Wald. Bei der

➤ rechts oben / Röbel an der Müritz besitzt eine hübsche Altstadt mit vielen Fachwerkhäusern

KM 31-33

Röbel ist wohl der schönste Ort an der Müritz. Lass dir Zeit für die Erkundung des Hafens und der Altstadt. Besuche unbedingt die gotische St.-Marien-Kirche: Der Ausblick vom Kirchturm ist herrlich! Weitere Highlights sind die Windmühle auf dem Burgberg und die Fachwerk-Synagoge. Beide werden für Ausstellungen genutzt.

DORFKAPELLE KLINK

Die Kapelle oberhalb vom 3 / Seehotel Klink wurde 1736 bis 1742
erbaut. Der Glockenstuhl trägt eine
Glocke von 1738. Im Torhaus gegenüber ist die Tourist-Info.

Ferienhaussiedlung, die du seeseitig umfährst, gibt es eine kleine Badestelle. Berühmter ist der große Sandstrand bei der Anlegestelle Klink der Blau-Weißen Flotte: Hier gibt es sogar Strandkörbe wie am Meer! Badegäste speisen im Restaurant Strandläufer (www. strandläufer-müritz.de). Dem Uferweg nach erreichst du nach einem weiteren Kilometer das 3 / Seehotel Schloss Klink. Auch hier gibt es einen beliebten Badestrand.

Leichte Fahrt bis Röbel

Weiter geht's Richtung „Röbel 22,0 km". Eine schöne Strecke mit einigen sehr guten Ausblicken führt bis Sembzin. Beim Hotel Sembziner Hof folgst du dem Wegweiser „Röbel 19,0 km / Sietow-Dorf 4,6 km" nach links. Beachte die frühgotische Feldsteinkirche in Sietow-Dorf und mach einen Abstecher zum 4 / Hafen Sietow-Dorf: Dort gibt's Fisch! Anschließend radelst du weiter auf dem Müritz-Rundweg Richtung Röbel. Am Rastplatz in Zierzow geht's nach rechts, dann nach links an die viel befahrene Straße. Nach einer Brücke verlässt der Radweg die Straße und verläuft in Kurven zum

nördlichen Ortsende von Gotthun. Wenn du von unserer Runde abweichst und nach rechts fährst, kommst du zum Müritz-Landhotel Grüner Baum. Das ehemalige Gutshaus gegenüber wird jetzt als Kindergarten genutzt. Richtung „Röbel 9,7 km / Marienfelde 5,1 km" folgst du einer Allee, dann geht's am Müritzufer ost- und mit etwas Abstand südwärts. Vor Marienfelde vertraust du der Beschilderung „Röbel 4,6 km". So kommst du wieder ans Seeufer und schließlich zum 5 / Stadthafen Röbel. In Röbel findest du zahlreiche Übernachtungsmöglichkeiten.

Tag 2: Am See bis Ludorf

Gut ausgeschlafen und entspannt startest du vom 6 / Marktplatz Röbel und zweigst wenige Meter südlich links ab in die Mühlenstraße – hier ist der Müritz-Rundweg beschildert. Wo links die Route zum Stadthafen und nach Waren abzweigt, radelst du erst geradeaus Richtung „Mirow 30,0 km" und achtest aufmerksam auf die Radwegschilder, die dich vor der Kfz-Werkstatt Warzecha nach links leiten. Du umrundest die große Wünnow – sozusagen die hinterste Bucht der Müritz – und folgst längere Zeit dem Seeufer, so dass du bald auf der anderen Uferseite den Stadthafen Röbel siehst. Von

378.000

Mark kostete der Bau des Neorenaissance-Schlosses Klink. Bauherr war der Kaufmann Arthur von Schnitzler, Vorbild die Schlösser der Loire in Frankreich. Die Bauzeit betrug nur zwei Jahre (1897/98). Der prunkvolle Spiegelsaal ist heute Frühstücksraum des 3 / Seehotels Schloss Klink.

◄ links / Stimmungsvoll: Das Müritzufer bei Klink an einem stürmischen Frühlingstag ▲ oben / Schloss Klink ist ein Neorenaissance-Bauwerk in Anlehnung an die Schlösser der Loire in Frankreich

der kleinen Holzplattform der Vogelbeobachtungsstation Großer Schwerin genießt du einen herrlichen Ausblick auf die Müritz. Noch besser ist das Panorama vom erhöhten Rastplatz in etwa 1 km Entfernung. Ungefähr 400 m weiter in Richtung Ludorf fällt die Urbuche auf, ein merkwürdiges Exemplar ihrer Art, das als Naturdenkmal geschützt ist. In Ludorf biegst du links ab Richtung „Zielow 4,9 km". 7 / Gutshaus und Oktogonkirche Zielow bilden ein besonders Ensemble. Das 1697 erbaute Herrenhaus im Stil der dänischen Klinkerrenaissance wird nunmehr als Romantikhotel und Restaurant genutzt (www.gutshaus-ludorf.de).

REGIONALE PRODUKTE

Wenn du am Wegweiser vorm Hotel Sembziner Hof rechts abbiegst, entdeckst du im Dorf die Verkaufsautomaten des Müritzhofs Knust. / www. mueritzhof-knust.de

Nach Rechlin und zum Claassee

Bei der Oktogonkirche radelst du zum Campingplatz Müritzpark -Ludorf und folgst dem bequemen Müritz-Rundweg durch Zielow nach Vipperow, wo es bei der Kirche einen Tante-Emma-Laden gibt

---

∧ oben / Abendstimmung im Hafen von Röbel am Ende des ersten Tages: Gleich geht's zum Abendessen! ➤ rechts / Einzigartig in Norddeutschland: Die Oktogonkirche in Ludorf nach Jerusalemer Vorbild

– er nennt sich Genusskiosk. Bei der Kanu-Basis zweigst du nach links ab auf den Radweg an der Bundesstraße. Schnell querst du die Elde sowie den Wasserlauf zwischen Kleiner Müritz und Sumpfsee, wechselst an der Ampel die Straßenseite und biegst links ab. Bei zwei Infotafeln nach dem Imbiss Tischlerei zweigst du links ab und radelst zum 8 / Hafen Rechlin. Hier kann man in der Gaststätte Spinnaker täglich bis 11 Uhr frühstücken (www.yachthafen-rechlin.de) oder in der Hafengaststätte Möwennest speisen (www.hafengaststaette-moewennest.de). Am Ortsausgang Rechlin gibt es den Imbiss Trafostation West II, besser bekannt als Radlerrast. Von hier ist es nicht weit zur 9 / Marina am Claassee in Rechlin-Nord. Eine Bar, ein Restaurant und der Marina-Shop warten auf Gäste. Im angrenzenden Hafendorf findest du einen kleinen Lebensmittelladen, außerdem gibt es einen Anleger der Blau-Weißen Flotte.

Im Revier der Müritzfischer

Folge der Beschilderung Richtung Waren. Der Müritz-Rundweg entfernt sich vom See und verläuft an der Boeker Landstraße zur Bolter Schleuse, wo du das Auf und Ab der Boote beobachten kannst. Kurz darauf triffst du auf Fischers Land Boek: Bei den Müritzfischern

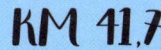

KM 41,7

Die Oktogonkirche Ludorf besitzt denselben Grundriss wie die Kirche vom Heiligen Grabe in Jerusalem. Der von einem Kreuzzug heimgekehrte Ritter Wipert von Morin trug die Idee zum Bau des Gotteshauses in seine Heimat. Die Kirche wurde 1346 geweiht, aber man geht davon aus, dass sie gut 150 Jahre älter ist.

LUFTFAHRT-TECHNISCHES MUSEUM

Das Museum nahe der 9 / Marina am Claassee dokumentiert die Geschichte der militärhistorischen Anlagen und der Schiffswerft Rechlin. / www.luftfahrttechnisches-museum-rechlin.de

(www.mueritzfischer.de) kannst du Räucherfisch kaufen, ein Fischbrötchen verdrücken, den Fischerlehrpfad erkunden oder selbst angeln. Es folgt der Ort Boek mit mehreren Hotels und Restaurants. Im ehemaligen Gutshaus ist eine Gaststätte eingezogen, in der anderen Gebäudehälfte eine Nationalpark-Information, ein Dorfmuseum sowie ein Museum über Zinnfiguren mit Werkstatt. Sehenswert ist auch die komplett vertonte Ausstellung „Die Fischer von Boek".

Durch den Müritz-Nationalpark…

Ab Boek nutzt der Müritz-Rundweg die Straße zum Boeker Sender. Dort radelst du geradeaus in den Wald und bei erster Gelegenheit nach links zur 10 / Aussichtsplattform Doppelkiefergraben. Zurück zur Kreuzung und weiter nordwärts erreichst du den Hermannsgraben und folgst ihm. Vom Aussichtsturm Binnenmüritz, der über dem Rad- und Fußweg erbaut wurde, überblickst du die Verlandungszone am Ostufer der Müritz. Nach einem Rastplatz folgt ein asphaltierter Abschnitt. Beim ehemaligen Jagdhaus des letzten DDR-Ministeratsvorsitzenden Willi Stoph steht jetzt eine Infotafel des Na-

tionalparks. Der Aussichtsturm Specker See ist der zweite, der über dem Weg erbaut wurde – kein Wunder, denn ringsum ist Sumpfland. Ohne Schwierigkeiten solltest du dann am 11 / Schwarzenhof ankommen. Im Nationalparkhotel Kranichrast kannst du einkehren und übernachten (www.nationalparkhotel-kranichrast.de), in der Nationalpark-Information machst du dich über den größten terrestrischen Nationalpark Deutschlands schlau.

…zur Schlusseinkehr im Müritzhof

Nun radelst du zuerst in etwas Abstand zur Fahrstraße Richtung Federow – beachte die Trennung zwischen Motor-, Fahrrad- und Fußverkehr! Vor Federow kannst du am Fischadler-Sichtschirm stoppen und mit etwas Glück die Tiere beobachten. Kamerabilder des Adlerhorsts werden live in die Nationalpark-Information Federow übertragen. Wenn du möchtest, machst du einen Abstecher dahin (siehe auch Tour 20). Ansonsten geht's an der gut beschilderten Kreuzung beim „hölzernen Jäger" nach links und vor der Schutzhütte rechts in den asphaltierten Ziegeleiackerweg. Fahre zum Wald, geradeaus hinein und bleibe immer auf dem asphaltierten Radweg. So kommst du an eine markante Y-Kreuzung mit Rastgelegenheit

JAGD IM NATUR- SCHUTZ- GEBIET

Die DDR-Regierung richtete ab 1969 Staatsjagdgebiete ein, so auch am Ostufer der Müritz, wo sich das größte Naturschutzgebiet der DDR befand. Es wurde persönliches Jagdgebiet des Ministerratsvorsitzenden Willi Stoph. Geregelte Jagd im Sinne des Naturschutzes? Denkste!

◄ links / Beliebt bei Bikern: Der Imbiss Radlerrast im alten Trafohäuschen am Ortsrand von Rechlin ⌃ oben / Ganz im Süden: Bootsparade im Hafen von Rechlin an der Kleinen Müritz

7.300.000 M³

Wasser befinden sich mindestens in
der Müritz. Sie ist der größte See, der
vollständig in Deutschland liegt – der
Bodensee ist auf mehrere Länder
aufgeteilt. Die Müritz ist etwa 28 km
lang, bis zu 13 km breit und fast 30
m tief – im Durchschnitt aber nur
6,50 m. Sie liegt auf 62,5 m ü. NN
und nimmt Wasser aus einem über
760 km² großen Gebiet auf.

heraus, an der eine Tafel „Willkommen im Müritz-Nationalpark" mit Richtungsangaben steht. Folge hier der Beschilderung „Müritzhof 4 km". Wenn du den QR-Code auf der Tafel scannst, erhältst du einige Informationen über den 12 / Müritzhof (www.müritzhof.de), der vom Lebenshilfswerk Waren bewirtschaftet wird. In der Hofschänke kannst du von April bis Ende Oktober sehr gut speisen. Es gibt hausgemachte Spezialitäten wie Lammbratwürste oder Rindergulasch aus eigener Produktion, täglich frisches Brot und selbstgebackene Kuchen. Köstliches Gemüse stammt aus der Hofgärtnerei. Bierliebhaber dürfen sich über das prämierte Bier der Rostocker Brauerei Stoertebeker freuen.

Finale: Zurück nach Waren

Auf bekannter Strecke radelst du vom Müritzhof zurück zur Y-Kreuzung. Wenn du es noch nicht auf dem Hinweg getan hast, solltest du noch den kurzen Stichweg zur Beobachtungsplattform am Warnker See gehen. An der Y-Kreuzung radelst du dann auf Asphalt geradeaus. Rechter Hand lohnt die Beobachtungsplattform Kuhtränke am Feiseneckksee einen Stopp. Entlang der Specker Straße gelangst du zum Parkplatz Teufelsbruch am Nationalparkeingang Waren, wo schöne Wanderungen beginnen (zwei Ideen findest du im KOMPASS-Wanderführer Mecklenburgische Seenplatte). Schließlich radelst du nordwärts über die Landenge zwischen Binnenmüritz und Feisnecksee zum Stadthafen Waren und entlang der Strandstraße zur 2 / Kreuzung beim Müritzeum. Auf bekannter Strecke gelangst du zum 1 / Bahnhof Waren (Müritz).

DER MÜRITZHOF

ist mehr als 100 Jahre alt. Als Landschaftspflegehof kommt ihm die Aufgabe zu, die historische Hutungslandschaft innerhalb des Nationalparks zu erhalten.

◄ **links oben / Wunderschön: Ausblick über die Müritz von der Aussichtsplattform Doppelkiefergraben**

Neu Schloen

B 192

Kargow

Schliesee

Hinbergsee

Hinbergsee

Hofsee

Hofsee

Krummer See

Federow

Jankersee

Schwarzenhof

Mühlensee

Specker See

Binnenmüritz

Rederang See

▲ Ziegenberg
46

Spukloch

Melzer See

START-ZIEL

Waupacksee

Feisnecksee

Moorsee

Warnker See

▲ Doktorberg
82

**Waren
(Müritz)**

Binnenmüritz

Campingplatz
Ecktannen

Jabelscher See

Hinterer

Reeckkanal

B 192

Klink

Binnenmüritz

Sietow Dorf

Tour 19

Start / Ziel
Bahnhof Waren (Müritz)

Hinkommen
Auto / Parkplatz vorm Bahnhof, Kreuzung Wiesenstraße/Lloyd-straße, 17192 Waren (Müritz)
ÖPNV / In Waren (Müritz) halten IC-Züge der Relation Warnemünde-Rostock-Neustrelitz Hbf.-Oranienburg-Berlin-Dresden sowie RE-Züge von/nach Rostock und Berlin. Eine Regionalbahn verkehrt zwischen Waren (Müritz) und Inselstadt Malchow.

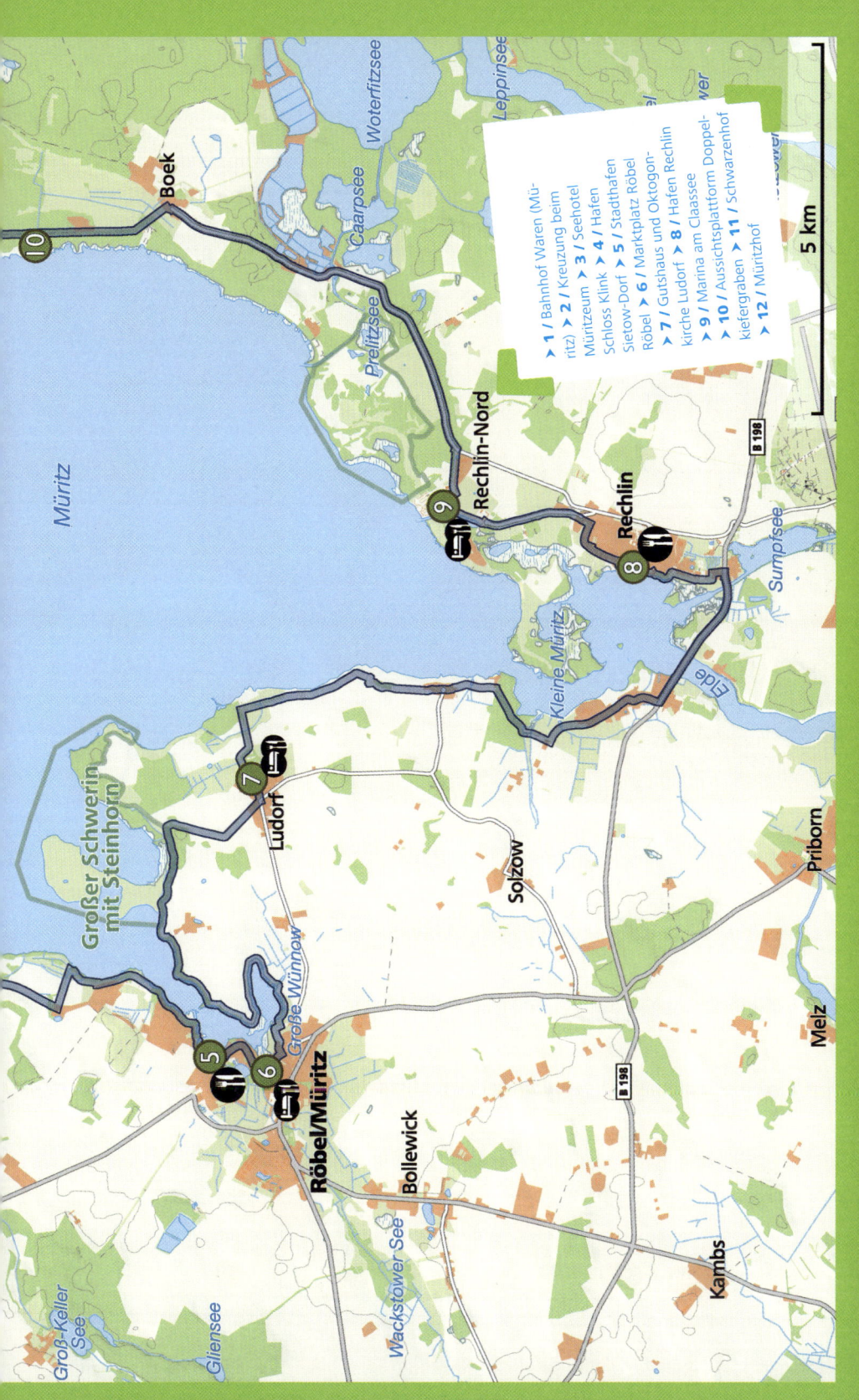

> 1 / Bahnhof Waren (Müritz) > 2 / Kreuzung beim Müritzeum > 3 / Seehotel Schloss Klink > 4 / Hafen Sietow-Dorf > 5 / Stadthafen Röbel > 6 / Marktplatz Röbel > 7 / Gutshaus und Oktogonkirche Ludorf > 8 / Hafen Rechlin > 9 / Marina am Claassee > 10 / Aussichtsplattform Doppelkiefergraben > 11 / Schwarzenhof > 12 / Müritzhof

5 km

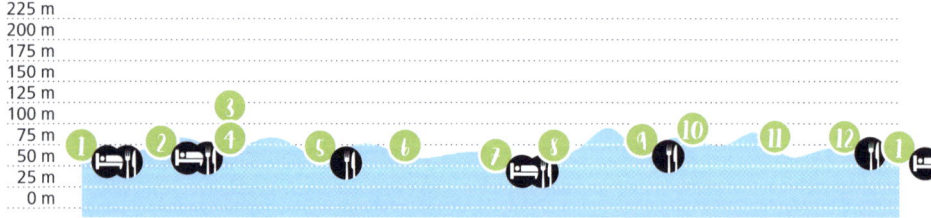

INDISCH IN MECK-POMM

Nicht schon wieder Räucherfisch! Wenn du Abwechslung zur mecklenburgischen Küche suchst, solltest du das Restaurant Taj Mahal am Marktplatz Neustrelitz besuchen. Mmh!

➤ **1 /** Am Stadthafen Waren verabschieden wir uns von der Müritz

➤ **2 /** Die Fotoausstellung des Nationalparks in Schwarzenhof ansehen

➤ **3 /** Das Jagdschloss Speck zeigt den morbiden Charme des Zerfalls

➤ **4 /** Mitten in der Natur: die Beobachtungsplattform Priesterbäker See

➤ **5 /** Probiere einen leckeren Räucherfisch von der Fischerei Babke

➤ **6 /** Badestelle an der Useriner Mühle: Hier planschst du in der Havel

➤ **7 /** Tagesziel: Am Marktplatz Neustrelitz gibt es einige Restaurants

➤ **8 /** Erstes Bad am zweiten Tag an der Badestelle am Großen Prälanksee

➤ **9 /** In der Nationalpark-Information Kratzeburg Fledermäuse entdecken

➤ **10 /** An der Havelquelle rasten und nebenan im Mühlensee schwimmen

➤ **11 /** Die uralten Feldsteine der Dorfkirche Groß Dratow begutachten

➤ **12 /** Nationalpark-Information Federow: Fischadlern beim Brüten zusehen

20

DIE NATIONALPARK-RUNDE

Natur und Kultur zwischen Waren und Neustrelitz

Zum Müritz-Nationalpark gehört nur ein Teil des großen Sees. Vor allem die weiten Sanderflächen am Ostufer der Müritz und die Endmoränen-Landschaften um das Havel-Quellgebiet sind per Gesetz geschützt. Mehr als zwei Drittel des Nationalparks sind Waldgebiete – das merken wir auf unserer Nationalpark-Runde.

Vom Stadthafen zur Kuhtränke…

Wer mit dem Zug an- und abreist, folgt der Beschreibung der Tour 20 vom Bahnhof Waren (Müritz) zum 1 / Stadthafen Waren. Hier beginnt unsere Nationalpark-Runde. Bis zum Schwarzenhof radelst du entgegengesetzt zu Tour 19, und zwar so: Fahre auf dem Radweg an der Straße Am Seeufer Richtung Ecktannen, vorbei am Yachthafen und folge dem Radweg an der Specker Straße bis zum Nationalparkeingang Waren (Info-Pavillon

Tag **1** + Tag **2**
51 + **48** Kilometer
200 + **190** Höhenmeter
3:45 + **3:45** Stunden
Rundtour

CHARAKTER

Sportlich ●●●●○
Abkühlung ●●●●○
Schlemmen ●●●●●
Panorama ●●●●○

TOURENINFO / Viele gut markierte, bequeme Radwege, aber auch einige Betonstein- und Betonplattenstraßen sowie unbefestigte Abschnitte erwarten dich. Ein bisschen Fitness ist nützlich. Für Abkühlung und fürs leibliche Wohl ist an mehreren Punkten gesorgt.

◄ **links / Die Infostelle in Federow ist der zentrale Anlaufpunkt für alle, die sich über den Nationalpark informieren wollen**

am Parkplatz Teufelsbruch). Fahre nicht in den Wald hinein, sondern bleib bei der Specker Straße. Ungefähr 3,5 km ab Start lohnt ein Halt bei der Beobachtungsplattform Kuhtränke.

…und weiter zum Schwarzenhof

Anschließend rollst du weiter zu einer Y-Kreuzung mit Rastgelegenheit. Hier steht die Tafel „Willkommen im Nationalpark" mit Richtungsangaben. Geradeaus geht's zum Müritzhof, aber du biegst links ab („Schwarzenhof 7 km"). Folge stets dem asphaltierten Radweg. Nachdem du den Wald verlassen hast, kommst du bei einer Schutzhütte heraus. In Sichtweite ist eine gut beschilderte Kreuzung. Nach links würdest du schnell Federow erreichen, doch den Ort heben wir uns für die Rückfahrt auf. Also biegst du rechts ab und radelst mit etwas Abstand zur Straße. Dank Fischadler-Sichtschirm kannst du die Greifvögel auf ihrem Horst beobachten – natürlich nicht immer. Morgen kannst du in der Nationalpark-Information Federow die Live-Übertragung der Kamerabilder vom Nistgelege verfolgen. Vom Fischadler-Sichtschirm strampelst du ohne Stopp zum 2 / Schwarzenhof (Nationalparkhotel Kranichrast, www.nationalparkhotel-kranichrast.de).

FISCHADLER

Ungefähr 550 Brutpaare des hierzulande stark gefährdeten Fischadlers gibt es in Deutschland, davon etwa 170 in Meck-Pomm. Ihr Schutz ist eine wichtige Aufgabe des Müritz-Nationalparks.

Das ehemalige Jagdschloss Speck

Nachdem du die Nationalpark-Information besucht hast, ist das Ziel „Speck 4,0 km". Nach einer Brücke mit Holzgeländer lohnt eine kurze Pause beim Mühlensee. Hinterm Landhaus Speck hältst du dich rechts, um zum baufälligen 3 / Jagdschloss Speck zu gelangen. Speck ist die flämische Bezeichnung für einen Damm oder einen befestigten Weg durch den Sumpf. Im Mittelalter führte die einzige Verbindung zwischen Waren und dem Süden des Stargarder Landes hier entlang. Ein Rittergut war seit dem 15. Jh. in holsteinischem Besitz. Ende der 1920er Jahre kaufte der Industrielle Kurt Herrmann dieses Gut und ließ ein 7.000 ha großes Wildgatter er-

> **rechts oben / Mitten in der Natur: auf der Beobachtungsplattform Priesterbäker See**

100 M

hoch ist der Käflingsberg, die höchste
Erhebung einer Endmoräne. Vor ihr
breitet sich der Sander aus – etwa
40 m tiefer, bewachsen mit dichtem
Mischwald. Mittendrin liegt der
sumpfige Priesterbäker See. Von der
4 / Beobachtungsplattform Priesterbäker See und vom Aussichtsturm
kannst du die Eiszeitlandschaft gut
studieren.

richten, in dem er viele exotische Tiere für seine Jagdleidenschaft hielt. Das Jagdschloss, das Teile des älteren Gutshauses einbezieht, wurde 1937 fertiggestellt. Zu DDR-Zeiten nutzten staatliche Organisationen das Areal, zum Beispiel die Nationale Volksarmee und das Ministerium für Staatssicherheit. Von 1991 bis 1998 war das Nationalparkamt Mecklenburg-Vorpommern im Jagdschloss untergebracht. Sehenswert ist die 1867/77 erbaute Kirche: Die Rosetten am Portal und Turm weisen auf Neustrelitzer Einflüsse hin.

Priesterbäker See und Käflingsberg

Bei den Infotafeln an der Alten Schmiede – schräg gegenüber des Imbiss Fuchsbau – setzt sich unsere Radtour fort. Am Ortsausgang Speck verhindert eine Schranke, dass Nichtberechtigte mit dem Auto weiterfahren. Aber auch Fahrräder dürfen nicht die Straße benutzen – es gibt einen Radweg. Hinter einer Stieleiche, die als Naturdenkmal geschützt ist, gelangst du nach rechts zur 4 / Beobachtungsplattform Priesterbäker See. Etwa 200 m weiter am Radweg beginnt linker Hand der Aufstieg auf den Käflingsberg. Bikes müssen an den hölzernen Geländern angeschlossen werden – zu Fuß geht's zum Aussichtsturm.

Zur Fischerei Babke an der Havel

Der Radweg neben der Straße verläuft nun südwärts Richtung Priesterbäk. Ab Bushaltestelle Priesterbäker See nutzen wir das Anliegersträßchen. An der Bushaltestelle Zartwitzer Kreuzung radeln wir geradeaus. Wo der Anwohnerweg halblinks zur Zartwitzer Hütte verläuft, halten wir uns halbrechts und radeln nach Zartwitz. Folge jetzt immer den Wegweisern nach Babke. Am Vorfahrtsschild

in Babke biegst du links ab, hältst dich zweimal rechts und kommst so zur 5 / Fischerei Babke. Hier kannst du dich mit einem Fischbrötchen, einem Backfisch und einem Lübzer Pils stärken und dabei zusehen, wie Wasserwanderer ihre Kanus umtragen.

Über Blankenförde…

Im Babke rollst du vorbei an der Dorfkirche und am Kriegerdenkmal und nach Verlassen des Ortes über die Havel. Fahre auf der Asphaltstraße nach Blankenförde. Dort biegst du rechts ab („Neustrelitz 16,5 km"). In der Nationalpark-Information bei der kleinen Fachwerkkirche befindet sich die Fotoausstellung „Vögel am Zotzensee". An der Havelbrücke gibt es einen Imbiss am Rastplatz, den sich Kanuten und Biker teilen. Am Ende des langgestreckten Dorfs kannst du in der Räucherkate am Hexenwäldchen einkehren (www. hexenwaeldchen.de). Hier gibt es eine E-Bike-Ladestation; der Ferien- und Campingpark befindet sich etwas abseits am Jamelsee.

…zur Useriner Mühle

Südwärts durch den Wald und an der Kreuzung bei einer Bushaltestelle links auf den Straßenradweg Richtung Neustrelitz – so kommst

300

Jahre alt sind die Fenster der neogotischen Dorfkirche Babke. Sie zeigen das Wappen Mecklenburgs sowie biblische Motive und stammen aus einer Vorgängerkirche. Noch älter sind der Rest eines geschnitzten Marienaltares (spätes 15. Jh.) und ein geschnitztes Kruzifix (frühes 15. Jh.).

◄ links / Wir machen Pause in Schwarzenhof, um die Nationalpark-Information zu besuchen ▲ oben / Die Specker Dorfkirche beim ehemaligen Jagdschloss erinnert an Bauwerke in Neustrelitz

du zum Nationalparkeingang Zwenzow. Hier beginnen verschiedene Wanderungen. Die Tour zum Wolfsfang und den Zwenzower Tannen findest du im KOMPASS-Wanderführer „Mecklenburgische Seenplatte" (Tour 22). Durch den Ort folgst du weiter dem Radweg, der in etwas Abstand zur Straße verläuft und die Havel überquert. Ein Stück auf der Straße, dann stoppst du an der 6 / Badestelle an der Useriner Mühle.

Wo Störche auf Teeröfen treffen

KOSTBARE BLUME

Die Strelitzie stammt aus Afrika. Im 18. Jh. kam sie in die Königlichen Gärten in Kew (England). Deren Direktor benannte sie nach der Heimat der englischen Königin Charlotte, geborene Prinzessin zu Mecklenburg-Strelitz.

Beim Campingplatz zweigt der Radweg nach rechts ab („Groß Quassow 3,5 km"). Auf Betonsteinen erreichst du den Haltepunkt Groß Quassow an der Bahnstrecke Neustrelitz-Mirow. Dahinter folgst du dem Radwegweiser „Neustrelitz 7,5 km". Ein Storchennest auf der großen Scheune am Ortseingang Groß Quassow fällt auf – dazu passen die Infotafeln und der Gasthof Das Storchennest (www.das-storchennest.de) nahe der neogotischen Backsteinkirche.

Beim Dorfweiher beginnt der Ortsteil Groß Quassower Teerofen: Hier folgst du der Hauptstraße nach links und kannst dir am Ortsende ansehen, wie ein Teerofen funktioniert.

˄ oben / Beginn Tag zwei: Göttliche Stille bei Sonnenaufgang am Stadthafen Neustrelitz ➤ rechts / Ende Tag eins: Tolle Abendstimmung am Marktplatz Neustrelitz

Zum Übernachten nach Neustrelitz

Bis Lindenberg nutzt du die Straße, dann den Radweg neben der Straße Richtung Neustrelitz. Nach der Brücke über den Kammerkanal verlässt du den Straßenradweg und folgst halblinks der herrlichen Allee entlang der Schlosskoppel zum Slawendorf Neustrelitz, wobei dich zuletzt die Gleise der Neustrelitzer Hafenbahn begleiten. Radle weiter entlang der Schienen bis zum Schlossgarten und zum Kreisverkehr, in dessen Mitte die moderne Edelstahlskulptur einer Strelitzie steht. Die Seestraße ist eine von acht Straßen, die sich in gleichem Abstand am quadratischen 7 / Marktplatz Neustrelitz treffen. Nach Stadtrundgang und Abendessen endet der erste Tag unserer Nationalpark-Runde.

Tag 2: Über Torwitz nach Prälank-Dorf

Den zweiten Tag beginnen wir am Stadthafen Neustrelitz, wo man im Hotel und Restaurant Alter Kornspeicher mit eigener Kaffeerösterei gut nächtigen kann (www.alterkornspeicher.de). Am Hafenbecken vor dem Kornspeicher startest du Richtung Mole und hältst dich rechts. An der Marina vorüber kommst du zum Gelände des Wassersportvereins, über das du dein Bike schieben musst. Nach der Brücke folgst du dem Uferweg bis zu einem Holzsteg mit schönem Blick auf den Zierker See. Wo der mit Gummimat-

KM 50,5

Den 7 / Marktplatz Neustrelitz mit acht strahlenförmig abführenden Straßen schmückt ein Rondell, das von einem Wasserspiel mit 36 Fontänen gekrönt wird. Ringsum wachsen 32 Eschen. Durch die Schloßstraße gelangt man zum sehenswerten Schlossgarten, durch die Seestraße zum Stadthafen. Der Turm der Stadtkirche kann bestiegen werden.

GROSSER BADE-PLATZ AM KÄBELICKSEE

Trotz Nähe zur Eisenbahn ist der große Strand sehr beliebt. Es gibt eine Wasserrutsche und eine Schwimmplattform, Bänke und Pick-nick-Tische.

ten befestigte Weg endet, hältst du dich links und fährst entlang der Schindelwiesen nach Torwitz. Folge dort dem Asphaltsträßchen nach links und vertraue der Beschilderung nach Prälank-Dorf. Für die erste Abkühlung des Tages bietet sich die 8 / Badestelle am Großen Prälanksee an. In Prälank-Dorf rollst du anschließend nordwärts bis zur Kreuzung mit den Nationalpark-Infotafeln und orientierst dich am Wegweiser „Langhagen 4,0 km".

Viel Wald bis Kratzeburg

Nach der Waldpassage auf Schotterweg folgst du bei Langhagen dem Wegweiser „Kratzeburg 6,5 km". Erneut geht's durch Wald, nun auch auf Sand. Nachdem du am Kleinen Bodensee vorbeigeradelt bist, nimmst du die Betonsteinstraße nach links („Kratzeburg 2,0 km"). Auf Asphalt rollst du an einem Holzlagerplatz und am Campingplatz vorbei und erreichst vor der Lloydbahn (Bahnstrecke Neustrelitz-Warnemünde) den großen Badeplatz am Käbelicksee. Nachdem du dich abgekühlt hast, ist es Zeit für den Besuch der 9 / Nationalpark-Information Kratzeburg: Fahre unter der Eisenbahn hinweg und am Vorfahrtsschild links ins Nationalpark-Dorf. In Krat-

zeburg gibt es eine Fischräucherei mit Imbiss sowie die Lütte Meierie – siehe Seite 126. Gegenüber befindet sich der Turmhügel, auf dem einst eine Burg stand. Auch die 1736 geweihte Dorfkirche ist beachtenswert.

Von Kratzeburg zu Havelquelle

Hinter dem Gotteshaus biegst du rechts ab Richtung Töpferei. Fahre nach links Richtung Pieverstorf. Schon bald verlässt der Radweg die Betonplattenstraße, führt als Schotterweg zum Röthsee und südlich des Dambecker Sees entlang, bevor er bei einem Rastplatz erneut auf die Plattenstraße trifft. Du fährst nach links bis Pieverstorf, wo eine hübsche kleine Kapelle auffällt. Vertraue der Radweg-Beschilderung „Ankershagen 4,0 km" und radle auf Betonsteinen und -platten bis zur Alten Schäferei (siehe Tour 14). Ein Teil der schönen Strecke ist eine Ulmenallee – eine Seltenheit! Über den Parkplatz bei der Alten Schäferei rollst du westwärts zur 10 / Havelquelle. 150 m nördlich gibt es am Mühlensee einen schönen Badeplatz.

Drei Großsteingräber und eine Feldsteinkirche

Von der Havelquelle fährst du auf breitem Weg südwest-, später westwärts zum schmucken Forsthaus Ulrichshof, wo sich eine Infotafel des Müritz-Nationalparks und Wegweiser befinden. Folge dem Radweg Blaues Müritzband nach rechts und fahre bis Bornhof. Am Ortsrand kannst du rechts zur Badestelle am Bornsee abzweigen.

JÄGER DER NACHT

In der 9 / Nationalpark-Information Kratzeburg, auch „Flatterhus Kratzeburg" genannt, erwartet dich eine interessante Ausstellung über Fledermäuse. Die Ranger beantworten auch gern allgemeine Fragen zum Nationalpark und geben Tipps für Wanderungen und Badeseen.

◄ links / Rast am Useriner See: Im Sommer kann man hier prima baden
▲ oben / Hier kannst du gut ausruhen: die naturnahe Badestelle am Großen Prälanksee

KM 92,1

Die 12 / Nationalpark-Information
Federow nahe der Hörspielkirche
wird viel besucht. Highlight ist die
Kamera, die das Brutgeschehen am
nahegelegenen Fischadler-Horst live
überträgt. Wechselnde Ausstellungen
zeigen die Vielfalt des Nationalparks,
durch den viele Führungen angeboten
werden. Fahrräder können ausgelie-
hen werden.

Wichtig: An der Bushaltestelle in Bornsee fährst du geradeaus am Stromhäuschen entlang – achte auf die Wanderweg-Markierung Roter Hirsch und das rote Radwegzeichen des Nationalparks. Vorbei am schönen Picknick-Platz, dann geradeaus in den Wald hinein: Dort triffst du auf zwei Großsteingräber. Ein drittes entdeckst du nördlich des Waldes. Dahinter triffst du auf eine Straßenkreuzung und fährst geradeaus. Über Klein Dratow erreichst du Groß Dratow. Die 11 / Dorfkirche Groß Dratow stammt aus dem 13. Jh.; das beliebte Restaurant und Café Schmiede 1860 nebenan bietet auch Übernachtungen mit Frühstück an (www.schmiede1860.de).

Zur Nationalpark-Information Federow

Folge weiter der Dorfstraße und dann dem Radwegweiser „Schwastorf 1,5 km". Dort biegst du beim Trafohäuschen links ab Richtung Kargow. In Kargow hältst du dich geradeaus („Federow 2,0 km"). In Kargow-Unterdorf geht's links an den Infotafeln vorbei, unter der Lloydbahn hindurch und auf dem Straßenradweg bis Federow. Wir stoppen bei der Hörspielkirche und anschließend an der 12 / Nationalpark-Information Federow. Im Restaurant Bunte Kuh kannst du dich stärken (www.diebuntekuh.com).

SPAZIERGANG IN FEDEROW
Beim alten Gutshaus Federow folgst du der Markierung „brauner Rohrkolben" um den Hofsee. Der 2,5 km lange Rundweg führt zu einem Beobachtungsstand.

Der Endspurt nach Waren

Folge der Damerower Straße nach Waren. Bevor die Straße zur großen Wohnsiedlung ansteigt, befindet sich an einer Waldecke auf der linken (!) Seite ein Parkplatz in Sichtweite eines mit blauem Gitterzaun umzäunten Areals. Hier biegst du links ab und bei erster Gelegenheit wieder links. Fahre vorsichtig abwärts und schiebe dein Bike neben ein paar Stufen hinunter zum Naturbad Feisneck. Ab da folgst du der Straße An der Feisneck zum bekannten Seeuferweg an der Müritz und kehrst zurück zum 1 / Stadthafen Waren.

‹ links oben / In der Hörspielkirche Federow finden auch regelmäßig Lesungen und Konzerte statt

Tiefwarensee

Waren (Müritz)

START-ZIEL

Kargow

Groß Dra

11

Kölpinsee

Binnenmüritz

Feisnecksee

12 **Federow**

Klink

Warnker See

Jankersee

Schwarzenhof

Rederang See

2

Specker See

Speck

3

4

Hofsee

Priesterbäker See

Großer Schw mit Steinho

Lu

Röbel/Müritz

Caarpsee **Woterfitzsee**

Solzow

Leppinsee

Großer Kotzower See

Melzer See **Priborn**

Granzower Möschen

Tour 20

START / ZIEL
Stadthafen Waren (Müritz)

HINKOMMEN
Auto / Kostenpflichtiger Parkplatz ohne Zeitbegrenzung Nähe Müritzeum, Zum Amtsbrink 3, 17192 Waren (Müritz) **ÖPNV /** Bahnhof Waren (Müritz): Hier halten IC-Züge der Relation Warnemünde-Rostock-Neustrelitz Hbf.-Oranienburg-Berlin-Dresden sowie RE-Züge von/nach Rostock und Berlin. Eine Regionalbahn verkehrt zwischen Waren (Müritz) und Inselstadt Malchow.

> **1 /** Stadthafen Waren
> **2 /** Schwarzenhof
> **3 /** Jagdschloss Speck
> **4 /** Beobachtungsplattform Priesterbäker See > **5 /** Fischerei Babke > **6 /** Badestelle bei der Useriner Mühle > **7 /** Marktpkatz Neustrelitz > **8 /** Badestelle am Großen Prälanksee > **9 /** Nationalpark-Information Kratzeburg
> **10 /** Havelquelle
> **11 /** Dorfkirche Groß Dratow
> **12 /** Nationalpark-Information Federow

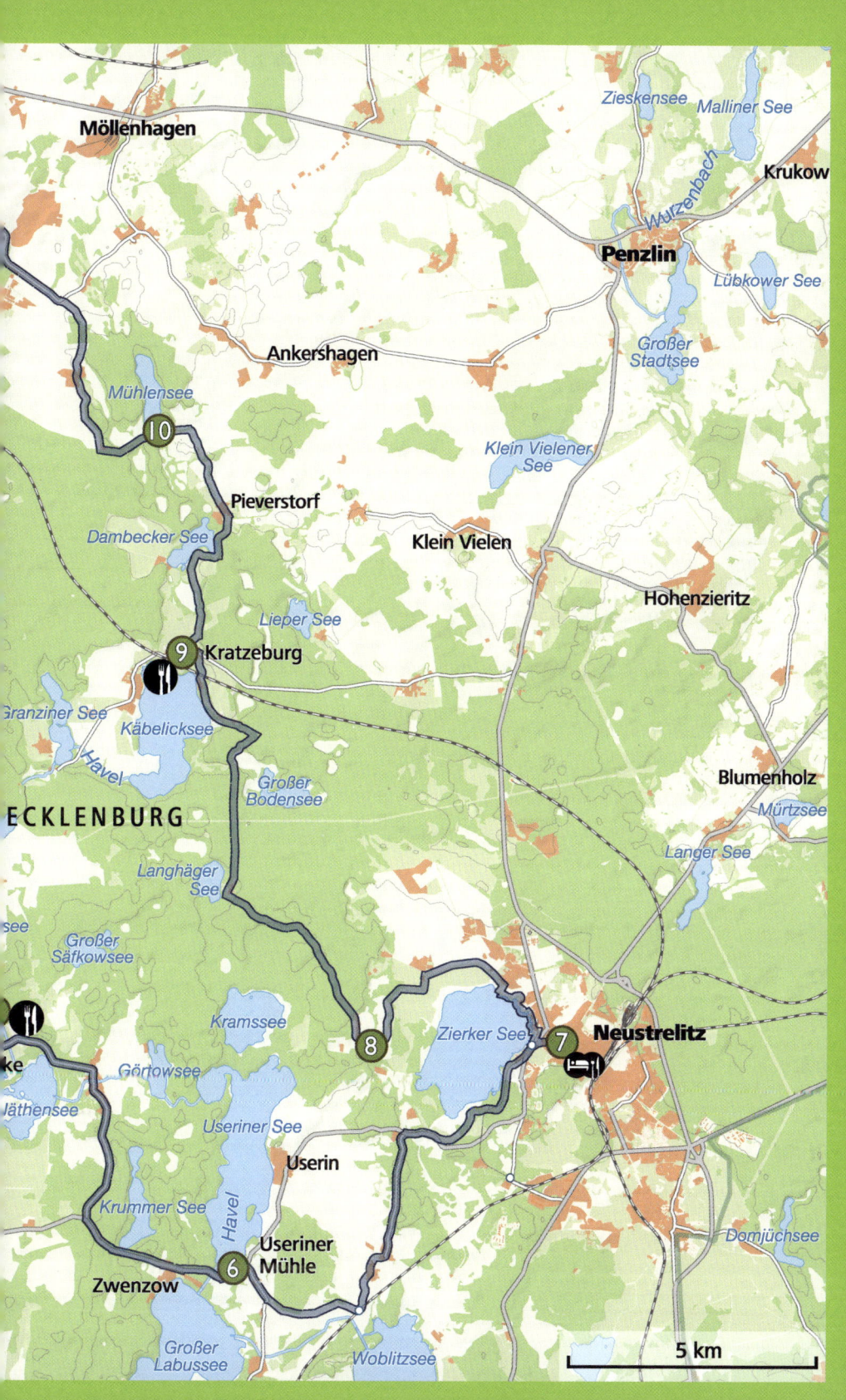

Möllenhagen

Zieskensee

Malliner See

Krukow

Penzlin

Wurzenbach

Lübkower See

Ankershagen

Großer
Stadtsee

Mühlensee

10

Klein Vielener
See

Pieverstorf

Dambecker See

Klein Vielen

Hohenzieritz

Lieper See

9 Kratzeburg

Granziner See

Käbelicksee

Blumenholz

Havel

Großer
Bodensee

Mürtzsee

ECKLENBURG

Langer See

Langhäger
See

Großer
Säfkowsee

Kramssee

Zierker See

7 Neustrelitz

8

Görtowsee

Useriner See

Jäthensee

Userin

Krummer See

Havel

Domjüchsee

6 Useriner
Mühle

Zwenzow

Großer
Labussee

Woblitzsee

5 km

LUSTWANDELN WIE FRITZ

Ich empfehle dir einen Spaziergang durch den Schlosspark Rheinsberg zum Obelisken. Dabei entdeckst du die vielen Details der repräsentativen Anlage.

➤ **1 /** Am Torhaus auf der Schlossinsel Mirow beginnt unsere Tour

➤ **2 /** In der Fleether Mühle gibt's Steaks, Tapas und andere Leckereien

➤ **3 /** Bei der Diemitzer Schleuse kannst du im Hofladen gut einkaufen

➤ **4 /** An der Diemitzer Kirche ein Cider „Pomme de Meck" verkosten

➤ **5 /** Willkommen in Brandenburg: Die Badestelle am Großen Wummsee

➤ **6 /** Am gepflegten Badeplatz am Kapellensee ins kühle Nass springen

➤ **7 /** Die Füße in den Sand stecken: Sandstrand am Großen Zechliner See

➤ **8 /** Vom Markt Rheinsberg aus erkundest du Stadt, Schloss und Park

➤ **9 /** Im Arboretum am Böbereckensee viele Baumarten kennenlernen

➤ **10 /** Erfrischung und Einkehr: die Badestelle Zechlinerhütte bietet beides

➤ **11 /** Beim Zollstock-Axel bekommst du Essen sowie jede Menge „Nützliches von A bis Z"

➤ **12 /** Im Findlingsgarten bei der Dorfkirche Schwarz die Gesteinswelt studieren

200 m
175 m
150 m
125 m
100 m
75 m
50 m
25 m
0 m

0 km   10 km   20 km   30 km   40 km   50 km   60 km   66 k

21

MECKLENBURG TRIFFT PREUSSEN

Zwischen Schloss Mirow und Schloss Rheinsberg

In Mirow residierten die Herzöge von Mecklenburg-Strelitz. Das Schloss Rheinsberg besaßen dagegen die Kurfürsten von Brandenburg. Friedrich der Große verbrachte hier sieben Jahre als Kronprinz, bevor er preußischer König wurde. Wir suchen Verbindungen zwischen Mecklenburg und Preußen – im Gestern wie im Heute.

Tag 1 + Tag 2
33 + 33 Kilometer
200+200 Höhenmeter
2:45 + 2:45 Stunden
Rundtour

Die Mirower Schlossinsel

Auf der Mirower Schlossinsel befand sich seit dem 13. Jh. eine Komturei des Johanniterordens. Mit dem Westfälischen Frieden, der den Dreißigjährigen Krieg 1648 beendete, wurde die Komturei säkularisiert. Im Hamburger Vergleich von 1701, der dritten Landesteilung Mecklenburgs, wurde Mirow dem Herzogtum Mecklenburg-Strelitz zugewiesen. Trotz abgeschiedener Lage im Herzogtum – oder gerade deshalb – entwickelte

CHARAKTER

Sportlich ●●●○○
Abkühlung ●●●●●
Schlemmen ●●●●○
Panorama ●●●○○

TOUR, DIE DU SO NIE GEMACHT HÄTTEST

TOURENINFO / Diese etwas außergewöhnliche Tour verläuft oft auf unbefestigten Wegen, teilweise auch auf recht schmalen. Hin und wieder ist fahrerisches Können vonnöten, aber meist genügt gute Aufmerksamkeit. Die Tagesetappen sind nicht lang. Unterwegs kannst du öfter baden und einkehren.

◀ **links / Nach dem ersten Teil unserer Radtour starten wir am Rheinsberger Hafen zu einer Schifffahrt**

sich der Mirower Hof zu einem geistig-kulturellen Zentrum des Herzogtums. Es gab eine rege Bautätigkeit. Anfang des 18. Jh. war die Blütezeit des Mirower Hofs, doch schon ab Mitte des 18. Jh. verlor er an Bedeutung. Das Gebäudeensemble auf der Schlossinsel ist allerdings gut erhalten. Am ältesten ist das 1588 im Stil der Renaissance erbaute Torhaus mit dem mecklenburgischen Wappen: Es ist Relikt eines Befestigungssystems aus dem 16. Jh., dessen Wallanlagen teilweise noch vorhanden sind. Das Schloss kann besichtigt werden (www.mv-schloesser.de). Es wurde 1749 bis 1752 erbaut und besitzt Teile eines Vorgängerbaus, etwa den barocken Festsaal. Dem Schloss gegenüber steht das spätbarocke Kavaliershaus, das dem Hofstaat diente und nach einem Brand im 19. Jh. vollständig wiederhergestellt wurde. Die ursprünglich im Stil der Backsteingotik errichtete Johanniterkirche geht bis aufs 14. Jh. zurück und erhielt nach starker Brandbeschädigung eine prächtige barocke Innenausstattung, die am Ende des Zweiten Weltkriegs vollständig verlorenging. An der Nordseite des Gotteshauses ist die Fürstengruft angebaut, in der viele Angehörige der verschiedenen mecklenburgischen Fürstenhäuser ihre letzte Ruhe fanden, darunter acht Regenten des Hauses Mecklenburg-Strelitz. Einer ist Karl II., der erste Großherzog von Mecklenburg-Strelitz und Vater von Luise, Königin von Preußen.

BADEN AM VILZSEE

Gut für Hin- und Rückweg: Beim Parkplatz am östlichen Ortsrand von Diemitz geht's zur Badestelle mit kleinem Sandstrand und einem langen Steg mit Leiter ins Wasser.

Nach Preußen wollen wir radeln

Vom 1 / Torhaus auf der Schlossinsel Mirow radeln wir zur Schlossstraße. Rechter Hand siehst du das barocke Untere Schloss. Folge der Schlossstraße zur Ampelkreuzung bei der Sparkasse, biege rechts ab und rattere übers Katzenkopfpflaster Richtung Bahnhof. Kurz nach dem Bahnübergang nutzt du den Rad- und Fußweg neben der Straße. Im Ort Peetsch folgst du der Radweg-Markierung

➤ rechts oben / Ein Musenhof: Auf Schloss Rheinsberg pflegten die preußischen Herrscher die schönen Künste

KM 32,8

Friedrich der Große lebte als Kronprinz in Rheinsberg. Hier entwickelte der „junge Fritz" die Ideen für Schloss Sanssouci. Sein Bruder, Prinz Heinrich von Preußen, schuf in Rheinsberg einen bedeutenden Musenhof. Er prägte Schloss und Garten im Stil des frühen Klassizismus. In den „Wanderungen durch die Mark Brandenburg" setzte Theodor Fontane der Stadt ein literarisches Denkmal.

nach rechts. Ziemlich bequem geht's zur 2 / Fleether Mühle, nur das letzte Stück strampelst du wieder auf Kopfsteinpflaster. Während das E-Bike auflädt, gönnst du dir eine Pause im Biergarten oder im Restaurant (www.fleethermuehle.info).

Zur Diemitzer Schleuse…

Nach Überquerung der Oberbek genannten Verbindung zwischen Rätzsee und Vilzsee radelst du am Forsthof vorüber und fährst halblinks zur 3 / Diemitzer Schleuse und zum Biberferienhof (www.biberferienhof.de). An der Schleuse gibt es einen schönen Rastplatz mit Blick auf die Müritz-Havel-Wasserstraße, an deren Ufer friedlich Galloway-Rinder grasen. Deren Fleisch kann man im Hofladen kaufen oder im Restaurant Scheune zubereitet probieren. Zum Biberferienhof gehört auch eine Badestelle am Kleinen Peetschsee.

…und über die Grenze

Kurz bergauf – zurück zur Kreuzung: Hier folgst du der „Großen Mirower Seenrunde" mit Ziel „Diemitz 2,0 km". In Diemitz kreuzen

sich Hin- und Rückweg unserer zweitägigen Radtour. Achte auf die Töpferei und die Manufaktur Pomme de Meck bei der 4 / Diemitzer Kirche. Das Gotteshaus entstand nach dem Dreißigjährigen Krieg, wurde allerdings mehrfach umgestaltet. Am Ortsausgang Richtung Schwarz bleibst du links der Stallanlagen und fährst auf sandigem Untergrund zur Kreuzung Fünfstern, die am Wegweiser als „Abzweig Diemitz" bezeichnet ist. Hier folgst du dem Wanderweg Wummsee-Rundweg südwärts Richtung „Parkplatz Grüne Hütte 1,7 km". Die 5 / Badestelle am Großen Wummsee befindet sich bereits im Bundesland Brandenburg.

Vom Wummsee zum Großen Zechliner See

Noch vor dem Wegweiser an der Badestelle Wummsee wählst du den linken Waldweg und überquerst die Straße in einen Betonplattenweg Richtung „Ferienhäuser Kapellensee". Während der Wummsee-Rundweg gleich rechts abzweigt, um ein Stück des Plattenwegs zu umgehen, bleibst du auf diesem und kommst zum gepflegten 6 / Badeplatz am Kapellensee. Nach Verlassen des Waldes radelst du beim Landhaus Kapellensee geradeaus, alsbald auf Kopfsteinpflaster nach Repente. Der schlechte Zustand der Straße passt irgendwie zur charmanten Gegend. Am Ortsende wird sie gar zu einer Sandpiste, auf der du südwärts holperst (Wanderweg Rundweg Großer Zechliner See). Eine Rastbank auf freiem Feld kommt

KM 23,0

Lohnender Stopp: Das Mühlenmuseum und der Hofladen im Mühlenhof Dorf Zechlin. Das Museum zeigt die Tradition des Mühlenhandwerks (Voranmeldung für Besichtigung: Tel. 033923/70267). Im Hofladen gibt es die Früchte vom Beerenhof als leckere Marmeladen oder Kuchen. / www. muehlenhof-zechlin.de

◄ links / Die Besichtigung des Schlosses Mirow bietet sich zu Beginn oder am Ende der Tour an ▲ oben / Im Hofladen vom Biberferienhof lässt sich gut einkaufen, im Restaurant Scheune nebenan gut speisen

für eine Verschnaufpause gerade recht, bevor wir der Wanderweg-Beschilderung weiter vertrauen. Am Repenter Kanal (Landwehrkanal) befindet sich ein weiterer Rastplatz. Dahinter folgst du erneut dem Rundweg Großer Zechliner See, der bald am Ufer des namensgebenden Gewässers verläuft. Am 7 / Sandstrand am Großen Zechliner See kannst du hineinhüpfen.

ALFRED-WEGENER-MUSEUM

Es befindet sich neben der 10 / Badestelle Zechlinerhütte. Der Meteorologe und Geowissenschaftler verbrachte als junger Mensch oft die Ferien in Zechlinerhütte. / www.alfred-wegener-museum.de

Über Dorf Zechlin nach Rheinsberg

Am Seeufer entlang: Hinter der Ferienanlage Inselblick geht's hinauf zur Straße beim Hotel Gutenmorgen (www.hotel-gutenmorgen.de). Wir folgen ihr nach rechts und in einer steilen Linkskurve den Radwegzeichen. Nächstes Zwischenziel: Dorf Zechlin. Am Radnetz-Knotenpunkt 85 orientierst du dich am Wegweiser „Rheinsberg 10,0 km". In Dorf Zechlin ist eine eindrucksvolle Eiche als Naturdenkmal geschützt, davor steht ein Denkmal für Häftlinge des KZ Sachsenhausen, deren Todesmarsch in den letzten Tagen des Zweiten Welt-

---

⌃ oben / Das Mahnmal für den Todesmarsch unter der Naturdenkmal-Eiche in Dorf Zechlin ➤ rechts / Besser als ein Geheimtipp: Cider und andere Apfelprodukte aus Diemitz

kriegs vor den Toren Schwerins endete. Beachte auch die Dorfkirche und folge der Straße Am Kunkelberg. Am Hotel und Restaurant Waldeck benutzt du den Fuß- und Radweg. Beim Radwegweiser „Rheinsberg 7,0 km" beginnt die etwa 7,3 km lange Etappe auf der ehemaligen Eisenbahnstrecke von Löwenberg (Mark) nach Flecken Zechlin. Sie endet an der Rheinsberger Parkstraße, deren Radweg du nach links folgst. Am Schlossgarten radelst du vorbei zur Hauptstraße und fährst auf ihr zum 8 / Markt Rheinsberg (Radnetz-Knotenpunkt 80). Hier endet unser erster Tag – besser gesagt: das Radfahren. Nutze die Zeit für eine Besichtigung des Schlosses und des Parks (Fahrräder verboten!). Vielleicht unternimmst du auch eine Schifffahrt auf dem Grienericksee (Anleger in der Seestraße).

Tag 2: Von Rheinsberg nach Warenthin

Am zweiten Tag radelst du auf bekannter Strecke retour – du folgst also der Parkstraße und der Fontane-Promenade. Nachdem du Rheinsberg in Richtung Charlottenau verlassen hast, biegst du bei erster Gelegenheit rechts ab in Richtung Warenthin. Von der Betonplattenstraße siehst du den Obelisken im Schlosspark, alsdann radelst du durch Wald bis zum 9 / Arboretum am Böbereckensee. Hier kannst du heimische und exotische Baumarten ken-

7 VOL.-%

Alkohol enthalten die schäumenden Apfelweine aus der Cider-Manufaktur Diemitz. Ob trocken oder halbtrocken: Lecker sind alle Varianten. Behutsamer trinken sollte man den Cider-Brand (40 Vol.-%). Ganz ohne Alkohol kommt der gute Apfelsaft aus. Probiere auch mal das Apfelkraut-Gelee – mmh! (www.cidermanufaktur.de)

KLEIN, ABER FEIN

An der Badestelle am Kleinen Luhmer See nördlich des Ortes triffst du höchstens ein paar Einheimische. Auf dem Weg nach Diemitz kommst du am Abzweig vorbei.

nenlernen (Eintritt frei). Weiter geht's auf der Betonplattenstraße. Ignoriere den Abzweig zum Forsthaus Boberow (Übernachtungsmöglichkeit). Nachdem du den Campingplatz Warenthin passiert hast, zweigst du rechts ab in den Ort. Im Gast- und Logierhaus Mischke kannst du bereits ab 11:30 Uhr Mittagessen (www.warenthin.de/gasthaus) oder einfach am Rheinsberger See eine Weile rasten. Einen Strand gibt es in Warenthin allerdings nicht.

Zur Badestelle Zechlinerhütte

Am Ortsende von Warenthin rollst du auf unbefestigtem Weg südwestwärts. Bei einem Stromkasten mitten im Wald biegst du rechts ab (Wanderweg „Zechlinerhütte 6,0 km"). Nach einer Wiese hältst du dich rechts, so dass du durch den Wald zum einsamen Campingplatz D 100 / Steinablage gelangst. Der Badestrand ist nicht öffentlich, jedoch können Campingplatzbesucher eine Tagesgebühr beim Platzwart entrichten und mit dessen Erlaubnis im Rheinsberger See plantschen. Nordwärts radelst du weiter Richtung Zechliner Hütte und achtest auf die entsprechenden Wanderwegschilder. Bei einem Unterstand sind es laut Wegweiser noch 3 km bis Zechlinerhütte.

An einer weiteren Kreuzung folgst du dem Radwegzeichen N 4. Hinterm historischen Sägewerk überquerst du den Kanal zwischen Dollgowsee und Schlabornsee und fährst in Begleitung gelblackierter Straßenlaternen bis zum Vorfahrtsschild. Hier biegst du rechts ab, rollst zur B 122 und nach rechts. Zwischen Haus am See und Restaurant Hüttensee gelangst du rechts hinab zum Hafen – etwa 400 m weiter an der Bundesstraße befindet sich die schattige 10 / Badestelle Zechlinerhütte (Eintrittsgebühr).

Zum zweiten Mal nach Diemitz

Fahre zurück zum beschriebenen Vorfahrtsschild und folge dem Wegweiser „Flecken Zechlin 10,0 km / Luhme 4,5 km / Neumühle 3,0 km". Wieder begleiten dich die gelben Straßenleuchten. Nach dem Zootzenkanal steigt die Straße leicht an. Du passierst Neumühle und kommst nach Luhme. Vor dem Friedhof geht's rechts Richtung Diemitz – nicht ohne am Trödelmarkt und Imbiss vom 11 / Zollstock-Axel anzuhalten, getreu dem Motto „Keinen Meter weiter!". Durch flachhügeliges Terrain strampelst du nach Diemitz. Wie gestern folgst du der Ortsstraße, vorbei an der 4 / Diemitzer Kirche. Gestern ging es links an den Stallanlagen vorüber – jetzt hältst du dich auf der Straße rechts.

KM 49,7

Der 11 / Zollstock-Axel hat weit mehr als 5.000 Zollstöcke gesammelt, die in seinem Trödelmarkt mit Imbiss ausgestellt sind. Im Laden gibt's „Nützliches von A bis Z", so der Besitzer. Auch Fahrrad-Zubehör und Ersatzteile kann man kaufen / tgl. außer dienstags

---

◄ links / Beim Zollstock-Axel kann man „Dinge von A bis Z" einkaufen und sich am Imbiss stärken ▲ oben / Der Findlingsgarten vor der Dorfkirche Schwarz zeigt jede Menge eiszeitlicher Geschiebe

1744

kam Sophie Charlotte, Herzogin zu
Mecklenburg-Strelitz, in Mirow zur
Welt. Englands Prinz Georg III. ließ
sich nicht durch Berichte abschre-
cken, wonach Charlotte „keine
Ahnung vom Wert des Geldes" habe
und „kein bisschen belesen" sei. Er
heiratete sie im August 1761, einen
Monat später wurde Charlotte zur
Königin gekrönt.

Steine und italienisches Essen

Zwischen Zehtner See, Mirower Adlersee und Peetschsee passierst
du mehrere Campingplätze, deren Badeplätze allesamt den Gästen
vorbehalten sind. Bergan erreichst du den größeren Ort Schwarz.
Interessant ist der 12 / Findlingsgarten bei der Dorfkirche Schwarz
gegenüber vom ebenso sehenswerten Heimatmuseum. Wer Einkehr und Baden verbinden will, zweigt kurz nach der Dorfkirche
rechts in die Straße Seebusch ab. Beim italienischen Restaurant Bella
Napoli befindet sich die Badestelle am Schwarzen See.

Auf Naturwegen Richtung Mirow

Wir verlassen Schwarz auf der Dorfstraße. Wo die Hauptstraße links
führt, radelst du kurz geradeaus und biegst hinterm letzten Haus,
das auffällig lila angestrichen ist, rechts ab (Sackgasse).
Auf Schotterweg rollst du entlang einer Bungalowsiedlung
talwärts und zum Wald. Achte auf ein kleines Schild an
einer Kiefer – es zeigt Richtung Mirow. Auf diesem Weg,
der auch als Jakobsweg markiert ist, fährst du durch den
Wald. Die Holzbrücke über den Bach zwischen Fehrling-
see und Schwarzem See zwingt viele Biker zum Absteigen.

DIE LIEBESINSEL

**neben der Mirower Schloss-
insel ist die Grabstätte des
letzten Großherzogs des
Landesteils Mecklenburg-Strelitz. Warum Adolf Friedrich
VI. dort ruhen wollte, ist nicht
überliefert.**

Nach diesem „Hindernis" radelst du auf einem Naturweg
am Südostufer des Fehrlingsees. Achte auf vier Holzpfos-
ten: An der Kreuzung danach fährst du geradeaus. Anschließend
vertraust du dem Wegweiser „Mirow 4,2 km" (Wanderweg Gelber
Balken). Bei einer Schranke triffst du auf einen breiten Forstweg.
Fahre halblinks (Beschilderung „Große Mirower Seenrunde / Mirow
3,5 km / Hohe Brücke 2,0 km"). Auf der Hohen Brücke querst du
die Müritz-Havel-Wasserstraße und folgst dem Wanderwegweiser
Richtung Mirow (Gelber Balken). Beim Solarfeld am Wertstoffhof
Mirow erreichst du die Straße, auf der du gestern nach Peetsch ge-
fahren bist. Biege links ab und kehre auf bekannter Route zum 1 /
Torhaus auf der Schlossinsel Mirow zurück.

◄ **links oben / Das Torhaus ist das älteste Gebäude auf der Mirower
Schlossinsel**

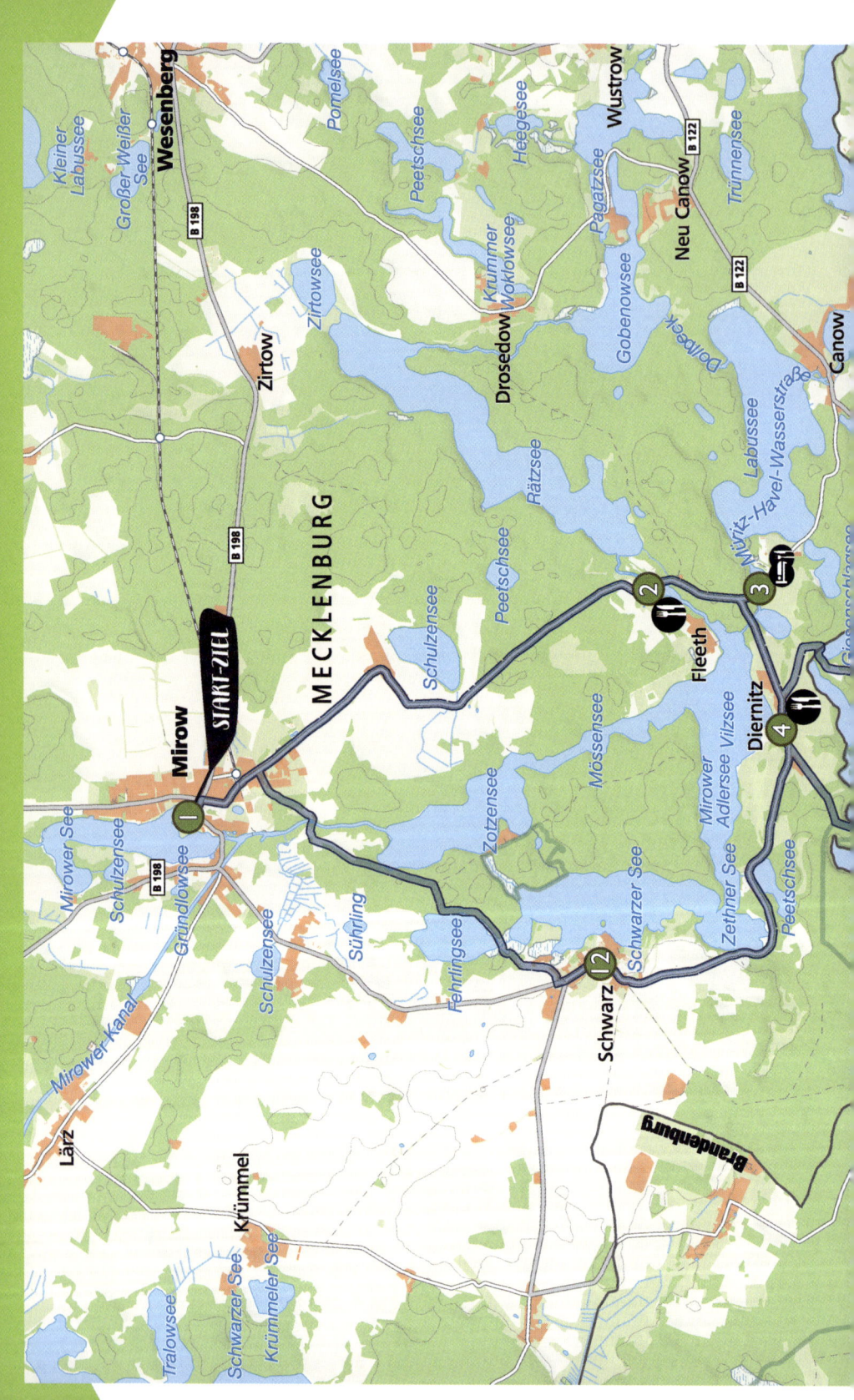

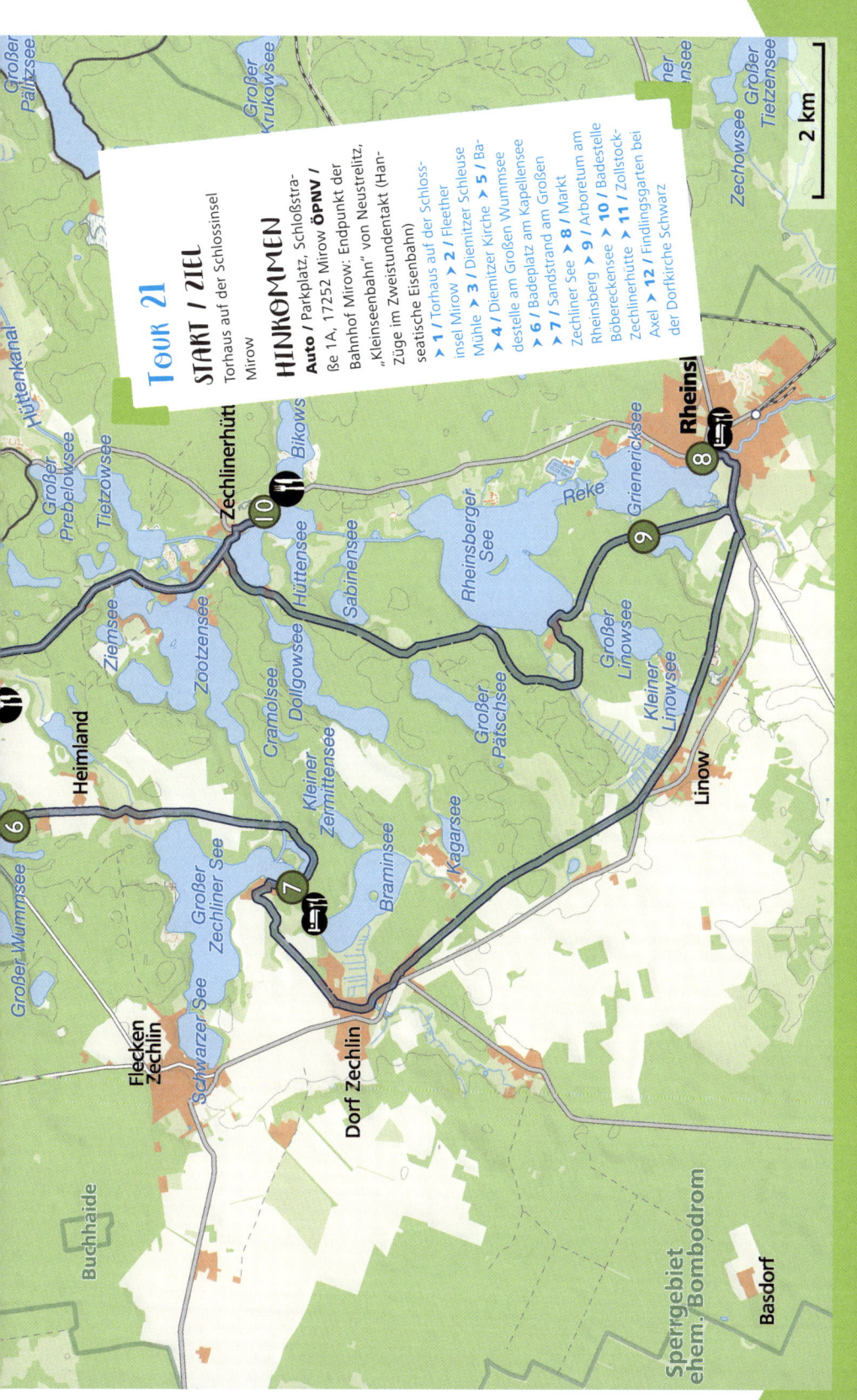

TOUR 21

START / ZIEL

Torhaus auf der Schlossinsel
Mirow

HINKOMMEN

Auto / Parkplatz, Schloßstraße 1A, 17252 Mirow **ÖPNV** /
Bahnhof Mirow: Endpunkt der
„Kleinseenbahn" von Neustrelitz,
„Kleinseenbahn" von Neustrelitz,
Züge im Zweistundentakt (Hanseatische Eisenbahn)

➤ **1** / Torhaus auf der Schloss-
insel Mirow ➤ **2** / Fleether
Mühle ➤ **3** / Diemitzer Schleuse
➤ **4** / Diemitzer Kirche ➤ **5** / Badestelle am Großen Wummsee
➤ **6** / Badeplatz am Kapellensee
➤ **7** / Sandstrand am Großen
Zechliner See ➤ **8** / Markt
Rheinsberg ➤ **9** / Arboretum am
Böbereckensee ➤ **10** / Badestelle
Zechlinerhütte ➤ **11** / Zollstock-
Axel ➤ **12** / Findlingsgarten bei
der Dorfkirche Schwarz

EINEN SCHÖNEN ABEND
verbringen und am nächsten Tag
weiterradeln? Klar, mit den Wochenend-Bikeaways geht das!

AUFGESATTELT!

MECKLENBURGISCHE SEENPLATTE UND RADBASICS

RADVERGNÜGEN

Mecklenburgische Seenplatte

**Die Landschaft der Mecklenburgische Seenplatte ist wie ge-
schaffen fürs Fahrradfahren. Kein Wunder, dass es ein ausge-
zeichnetes Radwegenetz gibt. Etwa 2.000 km Radwege sind
beschildert und markiert. Aber auch abseits der Routen gibt
es viel zu entdecken.**

Die vielfältige Landschaft der Mecklenburgischen Seenplatte und
des nördlichen Brandenburgs verdanken wir der letzten Eiszeit. Im
Müritz-Nationalpark ist besonders wertvolle Natur geschützt (www.
mueritz-nationalpark.de). Auf unseren Radtouren erleben wir darüber hinaus einzigartige Natur- und Kulturlandschaften, denen durch
vier Naturparks in Mecklenburg-Vorpommern und zwei Naturparks
in Brandenburg Aufmerksamkeit geschenkt wird. Die mecklenburgischen Naturparks „Feldberger Seenlandschaft", „Flusslandschaft
Peenetal", „Mecklenburgische Schweiz und Kummerower See" und
„Nossentiner/Schwinzer Heide" sowie die brandenburgischen Naturparks „Stechlin-Ruppiner Land" und „Uckermärckische Seen" besitzen
eine Vielzahl natürlicher, historischer und anderer Sehenswürdigkeiten (www.naturparke.de). Außerhalb dieser touristisch erschlossenen
Landschaften gibt es viele einsame Gegenden, aber selbst da ein her-
vorragendes Radwegenetz.

WEGENETZ NUTZEN

Die offiziellen Radwege, Netzknoten und Wegweiser in Mecklenburg-Vorpommern sind im „Radnetzplaner MV" verzeichnet (https://
radnetzplaner-mv.de/). Auf der „Landkarte Brandenburg" (www.
landkarte-brandenburg.de) kann man die offiziellen Radwege des
Bundeslands einblenden. Auf unseren Touren nutzen wir oft solche
offiziellen Routen, die einheitlich mit weiß-grünen Schildern gekennzeichnet sind. Fast überall sind sie gut markiert – in Ausnahmefällen
weißen wir auf die Lücken hin. Manchmal sind wir auch auf markierten Wanderwegen unterwegs, die fürs Fahrradfahren erlaubt sind,
und beschreiben den Wegverlauf anhand der Wanderwegweiser und

ALLES RUND UMS FAHRRAD-FAHREN AN DER MECKLEN-BURGISCHE SEENPLATTE: WIE DIE FAHRRADKULTUR IST UND WAS DICH ERWARTET

-markierungen. Für die wenigen Strecken, auf denen du ohne Wegweiser und Markierungen unterwegs bist, helfen die Karte im Buch und der GPX-Track zur Tour. Du kannst ihn mit jeder Navigations-App auf deinem Smartphone nutzen.

GRENZENLOS RADELN

So grenzenlos wie die Eiszeitlandschaft, so grenzenlos radeln wir. Historisch gesehen haben Mecklenburg-Vorpommern und Brandenburg allerdings weniger gemeinsam als landschaftlich. Beim Besuch von Schlössern und Parks, Kirchen und ehemaligen Klöstern erfahren wir einiges über die wechselvolle Vergangenheit. Eine vergleichsweise kompakte Zusammenfassung der Geschichte Mecklenburgs findest du unter www.mvp.de/geschichte-mecklenburg/; unter www.politische-bildung-brandenburg.de/brandenburg/geschichte wird die Geschichte Brandenburgs dargestellt. Zur Vor- und Nachbereitung deines Radvergnügens empfehlen sich auch die Websites der Tourismusverbände: www.mecklenburgische-seenplatte.de sowie www.reiseland-brandenburg.de.

STROM FINDEN

Für alle Vorschläge im Buch genügen Tourenräder oder Trekkingbikes. Die Landschaft ist flach bis sanft-hügelig. Nur sehr selten gibt es steile Auf- und Abfahrten, und wenn, dann sind sie kurz. Trotzdem haben es E-Biker viel leichter als traditionelle Radler. Unsere Routenpläne und kalkulierte Fahrzeiten gehen von einer Durchschnittsgeschwindigkeit von 15 km/h aus. E-Biker werden die Touren eher schneller absolvieren – mit ausschließlich Muskelkraft könnten sie auch länger dauern

als angegeben. E-Bikes brauchen Strom: Übersichten zu Ladestationen bieten die Websites https://radfahrland-mv.de/services/e-bike-ladestationen/ und www.fahrrad.de/e-bike-ladestationen.html. Die Smartphone-App von www.fahrrad.de ist kostenlos.

REGELN BEACHTEN

Leider scheint es nicht allen bewusst zu sein: Biker sind Straßenverkehrsteilnehmer und als solche verpflichtet, die Straßenverkehrsordnung einzuhalten. Dass Radfahrer und Fußgänger aufeinander Rücksicht nehmen müssen, sollte auch ohne Gesetze selbstverständlich sein. Das gilt vor allem für gemeinsam genutzte Rad- und Fußwege (blaue Schilder mit Personen und Fahrrad-Symbol übereinander) sowie für Wald- und Feldwege, die oftmals Wanderwege sind. Hier gebührt Fußgängern der Vorrang! Das heißt vor allem: Biker müssen sich langsam annähern, deutlich auf sich aufmerksam machen und in sicherem Abstand zu Fußgängern fahren.

NATUR SCHÜTZEN

Vor allem im Müritz-Nationalpark, aber auch in anderen Schutzgebieten, gelten besondere Regeln fürs Fahrradfahren und fürs richtige Verhalten in der Natur. Biken abseits von Wegen und Querfeldeinfahren sind grundsätzlich verboten; im Müritz-Nationalpark ist das Radfahren nur auf entsprechend ausgewiesenen Wegen erlaubt! Pflanzen sollten nicht abgepflückt und Tiere nicht beunruhigt werden. Vermeide unnötigen Lärm – andere Erholungssuchende werden es dir danken.

SICHERHEIT SCHAFFEN

Nie solltest du zu einer Tour aufbrechen, ohne vorab einen Blick aufs Wetter zu werfen. Mit Smartphone-Apps kannst du die Wetterentwicklung auch während der Fahrt gut verfolgen. Last but not least: Wir empfehlen das Tragen eines Fahrradhelms zum eigenen Schutz. Entgegen der landläufigen Meinung gibt es in Deutschland jedoch keine Helmpflicht beim Biken – auch nicht für Kinder.

FACTS
MECKLENBURGISCHE SEENPLATTE

1.117 SEEN
hat irgendwer gezählt und gesagt: die gehören zur Mecklenburgischen Seenplatte (im nördlichen Brandenburg gibt es noch ein paar…)

117 KM²
Wasserfläche besitzt die Müritz, der größte See Deutschlands – den Bodensee teilt sich Deutschland mit Österreich und der Schweiz

2.500 M²
klein ist der Weinberg an der Höhenburg Stargard – bis zu 2.000 Flaschen „Mecklenburger Landwein" werden jährlich abgefüllt (Tour 18)

63 METER
tief ist der Tiefe See bei Neu Gaarz – kein anderer kann ihm da das Wasser reichen (Tour 4)

ORTSNAMEN
Auerochse, Benzin, Ehbruch, Eiserne Hand, Fauler Ort, Hühnerbusch, Kiekindemark, Mückenfang, Sorglos, Ungnade – und natürlich Siehdichum (Tour 15)

LÜTT HÜTT
fährt man wie ein Fahrrad – das einzigartige Hausboot kann man im Rechliner Hafen mieten (Tour 19)

2.000
Schlösser und Herrenhäuser soll es ungefähr in Meck-Pomm geben – nirgends sonst auf der Welt ist die Dichte höher

179,2 M
hoch ist der Helpter Berg, der höchste in Mecklenburg-Vorpommern

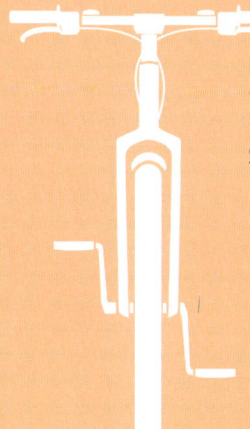

BLAUES BLUT
Charlotte von Mecklenburg-Strelitz wurde im zarten Alter von 17 Jahren Königin von England (Tour 21)

RAUSZEIT-HIGHLIGHTS

FÜR KINDER

Tiererlebnispark
Nicht nur für Kids interessant: privaten Tier-erlebnispark Müritz leben heimische und exotische Tiere. Der Tierpark-Chef bietet auch "Safaris" ins Umland an.
Tour 4 // **Seite 32**

Meister Petz
Der Bärenwald Müritz bietet Braunbären, die nicht mehr ausgewildert werden kön-nen, ein naturnahes Zuhause.
Tour 11 // **Seite 94**

Plitsch, platsch
Die Mecklenburgische Seenplatte bietet mehr Bademöglichkeiten als jede andere Region in Deutschland. Für Kinder sehr schön ist das Augustabad am Tollensesee.
Tour 15 // **Seite 136**

Jäger der Nacht
Das Flatterhus der Nationalparkinforma-tion Kratzeburg erklärt anschaulich das Leben und die Lebensräume von Fleder-mäusen.
Tour 20 // **Seite 194**

FÜR E-BIKER

E-Bike ausprobieren
Zum Ausprobieren kannst du ein E-Bike an der historischen Hubbrücke in Plau am See ausleihen. Kosten pro Tag: 25 €.
Tour 10 // **Seite 84**

Schweizer Berge
In der Mecklenburgischen Schweiz ha-ben es E-Biker deutlich leichter! Gutes Beispiel: Die „Bergetappe" auf den fast 100 m hohen Röthelberg.
Tour 12 // **Seite 106**

Rund um die Müritz
ab Bahnhof Waren (Müritz) verläuft die längste Tour in diesem Buch. Wer sie mit einem E-Bike absolviert, hat viel Zeit für Bade- und Einkehrpausen.
Tour 19 // **Seite 180**

Energie für alle
Während das E-Bike auflädt, können die Biker im großen Gastgarten der Fleether Mühle Steaks, Tapas und andere Lecke-reien verdrücken – mit Blick auf die Was-serstraße Oberbek.
Tour 21 // **Seite 208**

Top für jede Lust und Laune:
Kleine und große Abenteuer,
die besten Einkehrtipps und
entspanntesten Pausenplätze

FÜR SCHLEMMER

Ich weiß ein Haus…
Das mit einem Michelin-Stern ausgezeichnete Lokal Ich weiß ein Haus am See bietet raffinierte Haute Cuisine mit mecklenburgischem Einfluss.
Tour 3 // Seite 24

Fontane und Fisch
Die Fischerei am Stechlinsee ist mehr als ein Fischimbiss. Gönn dir eine geräucherte Maräne und ein kühles Pils, nimm Platz im Garten und blicke wie einst Fontane auf den Stechlin.
Tour 6 // Seite 48

Lychener Wassermühle
Die Mühle nahe vom Radnetz-Knotenpunkt 40 ist nicht nur bei Wasserwanderern bekannt, auch das Restaurant ist eine gute Empfehlung.
Tour 16 // Seite 146

Bio-Lammsoljanka
Die Schäferei Hullerbusch lässt ihre Tiere in der wunderschönen Feldberger Seenlandschaft weiden und achtet auf ökologische Haltung. Es gibt einen Hofladen mit Imbiss.
Tour 17 // Seite 156

FÜR RUHESUCHENDE

Abseits des Trubels
Große Teile der Tour 2 führen durch einsame Gegenden. Ruhig ist's im Naturpark Nossentiner/Schwinzer Heide rund um Wooster Teerofen.
Tour 2 // Seite 16

Mächtiger Baum
Die Schäferbuche ist die dickste ihrer Art in Meck-Pomm. Der Baumriese lädt zum Innehalten, Nachdenken und Meditieren ein.
Tour 3 // Seite 24

Dornröschenschlaf
Im wundersamen Park des Schlosses Blücherhof wandelst du auf den Spuren vergangener Zeiten. Doch Vorsicht vor herabfallenden Ästen und Stolpersteinen – der Park wird kaum gepflegt.
Tour 4 // Seite 32

Torgelower See
Spaziere durch den Gutspark Gievitz entlang der Ostpeene zum Holzsteg am Torgelower See, setze dich und genieße die wundervolle Stimmung.
Tour 5 // Seite 40

DAS KRIEGST DU NICHT ALLE TAGE

Wo ist was los?
Die Events zu den Touren
findest du hier

EVENTS

ADVENTSBASAR
DOBBERTIN; am ersten oder zweiten Adventswochende.

FISCHERFEST
KRAKOW AM SEE; Traditionsveranstaltung am dritten Augustwochenende.

STRANDFEST AM WEISSEN SEE
WESENBERG; Ein Tag im August.

STECHLINSEEFEST
NEUGLOBSOW; Am Badestrand Neuglobsow, im Juli oder August.

STRASSENMUSIKFEST
NEUGLOBSOW; Vor dem Stechlinsee-Center, im August.

SOMMERBÜHNE HIMMELPFORT
KLOSTER HIMMELPFORT; Musik (beinahe) aller Stilrichtungen, jedes Jahr von Juni bis August.

ULRICHSHUSENER WEIHNACHTSMARKT
ULRICHSHUSEN; In der alten, beheizten Feldsteinscheune beim Schloss an allen Adventswochendenden.

VIER-TORE-FEST
NEUBRANDENBURG; Großes Stadtfest, jedes Jahr am letzten August-Wochenende.

JAZZFRÜHLING
NEUBRANDENBURG; Festival für Jazz und Weltmusik an verschiedenen Spielorten, im Frühjahr.

RADMARATHON
NEUBRANDENBURG; Die „Mecklenburger Seenrunde" über 300 km, meist Ende Mai.

FLÖSSERFEST LYCHEN
LYCHEN; An der Seepromenade Oberpfuhl, jährlich im August.

FESTSPIELE IM SCHLOSSGARTEN
NEUSTRELITZ; Klassik, Musical, Theater, Comedy – jährlich im Sommer.

MÜRITZSCHWIMMEN
WAREN AN DER MÜRITZ; Internationaler Wettkampf seit 1969, ein Tag im August.

RHEINSBERG
OKTOBERFEST; Die Wiesn in Brandenburg, tatsächlich im Oktober.

STADTHAFENFEST
LYCHEN; Mit Auftritt verschiedener Live-Bands, im Juni.

WEBERGLOCKENMARKT
NEUBRANDENBURG; Der Neubrandenburger Weihnachtsmarkt, immer im Advent.

PACKLISTE

GRUNDAUSSTATTUNG

- [ ] Fahrradhelm
- [ ] Radkleidung
- [ ] Radhandschuhe
- [ ] Radbrille
- [ ] Trinkflasche
- [ ] Fahrradschloss
- [ ] Handy
- [ ] Karte/Navigationsgerät
- [ ] Fahrradlicht, Ersatzakku/-batterie
- [ ] Erste-Hilfe-Set

TAGESTOUR

- [ ] Regenkleidung
- [ ] Wechselkleidung
- [ ] Reparaturset: Ersatzschlauch, Werkzeug
- [ ] Luftpumpe
- [ ] Packtaschen klein
- [ ] Verpflegung: Snacks, genügend Wasser
- [ ] evtl. wasserdichte Handyhülle

BIKEAWAYTOUR

- [ ] Zahnbürste
- [ ] Waschbeutel
- [ ] Packtaschen groß
- [ ] evtl. Zelt
- [ ] evtl. Schlafsack
- [ ] evtl. Kompass
- [ ] Handyladegerät

REISE-APOTHEKE

Pflaster & Blasenpflaster, Mückenschutz, Sonnenschutz, Zeckenkarte

RADCHECK

findest du auf der nächsten Seite

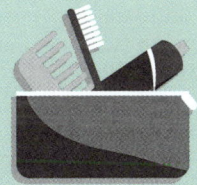

RADCHECK

AM BESTEN nimmst du dein Fahrrad vor jeder Tour unter die Lupe, zumindest aber beim Frühjahrsputz. Darüber hinaus ist ein regelmäßiger Service bei Profis zu empfehlen.

EINFACH ERKLÄRT MIT PROFI-TIPPS

✓ Picobello: Reinigung des Fahrrads

Ein sauberes Fahrrad lebt länger und dir fallen beim Putzen Defekte auf. Daher ran an den Schwamm und die milde Seife oder den Fahrradreiniger und losgelegt! Wenn das Fahrrad getrocknet ist, mit einem sauberen Lappen Wasserränder wegpolieren. Handarbeit ist angesagt – ein Hochdruckreiniger ist tabu, da er auch Fett und Öl entfernt und Wasser in empfindliche Teile eindringen kann.

Tipp: Für verwinkelte Teile ist eine alte Zahnbürste praktisch.

✓ Pralle Geschichte: die Reifen

Um grob den Reifendruck zu überprüfen, mach die Daumenprobe: Lässt sich der Reifen mehr als 1 cm eindrücken, musst du pumpen. Angaben zu Mindest- und Maximaldruck findest du auf der Reifenflanke. Für wenig Rollwiderstand auf befestigten Straßen orientiere dich an der oberen Grenze, wenn du auf unbefestigten Wegen unterwegs bist, an der unteren. Je schmaler der Reifen und je höher das Gesamtgewicht, desto mehr Luftdruck ist nötig. Am einfachsten lassen sich die Reifen mit einer Standpumpe mit Druckmesser aufpumpen.

Tipp: Fahrradgeschäfte bieten manchmal vor Ort gratis Pumpen zum Selbermessen und -aufpumpen an.

Nimm auch das Reifenprofil unter die Lupe: Entferne eventuelle Steinchen oder Scherben und halte nach Rissen oder Schnitten Ausschau. Wenn das Profil zu brüchig oder stark abgefahren ist, brauchst du einen neuen Mantel.

✓ Läuft wie geschmiert: Kette reinigen und ölen

Fürs Reinigen zuerst mit einem trockenen Tuch Kette von altem Fett und Schmutz befreien, indem du am Pedal drehst und so die Kette durch das Tuch ziehst. Den feinen Zwischenräumen kannst du wieder mit der Zahnbürste zu Leibe rücken. Danach Kettenöl, am besten biologisch abbaubares, auftragen, indem du es hinten auf die Kette träufelst, während du sie mit dem Pedal durchdrehst. Kurz einwirken lassen, dann mit einem Lappen das überschüssige Öl von der Kette abziehen.

Tipp: Hast du eine Kettenschaltung, schalte einmal alle Gänge durch, damit sich das Öl auf allen Zahnrädern verteilt.

Eine gut geölte Kette und der richtige Reifendruck machen außerdem ein E-Bike leichtgängiger, was die Akku-Reichweite erhöht.

✓ Schraube locker?

Prüfe regelmäßig die Schraubverbindungen der Steuerung (Lenker, Vorbau und Steuersatz), Laufräder, Pedale, Sattelklemmen und Anbauteile wie Schutzbleche und Gepäckträger.

Tipp: Legst du selbst Hand an, ist ein Drehmomentschlüssel am besten, damit du die Schrauben entsprechend den Drehmomentangaben für dein Fahrrad nachziehen kannst.

✓ Nichts kann dich stoppen, außer: die Bremsen

Prüfe, ob vordere und hintere Bremse einen gleichmäßig starken Druckpunkt haben. Öffne und schließe die Bremsen auch im Stand. Wenn bei hydraulischen Bremsen mehrmaliges Pumpen für einen soliden Druckpunkt erforderlich ist oder sich der Hebel bis zum Lenker durchziehen lässt, muss das System entlüftet werden. Wenn bei mechanischen Felgenbremsen die Bremsarme nicht gleichmäßig arbeiten, einstellen (lassen). Sind die Verschleißindikatoren auf den Bremsbelägen, kleine Rillen im Gummi, verschwunden, müssen die Beläge getauscht werden. Den Verschleiß von Scheibenbremsen kannst du bei relativ neuen Belägen mit einer Taschenlampe von oben durch den Schlitz im Sattel prüfen. Bei älteren und dünneren Belägen müssen die Räder zur Sichtprüfung ausgebaut werden.

Tipp: Gegen Verschmutzung und Korrosion der Bremszüge bei mechanischen Bremsen hilft ein Spritzer Teflonspray in die Enden der Außenhüllen. So gleiten die Kabel besser in ihrer Hülle.

✓ Damit dir ein Licht aufgeht: die Beleuchtung

Weil's am Abend auch schon mal später werden kann und du auch am Rückweg sichtbar sein möchtest: Sind Lichter und Reflektoren vorhanden und funktionieren sie?

✓ Für alle mit extra Antriebskraft: Akku & Motor

Bei längerer Nichtnutzung, zum Beispiel in der Winterpause, achte darauf, dass sich der Akku nie tiefentlädt. Korrosionsspuren bei den Steckverbindungen kannst du mit einem speziellen Kontaktspray entfernen. Fallen dir Schäden am Motorgehäuse auf, am besten schnell in eine Fachwerkstatt.

Los geht's!

IMPRESSUM

© KOMPASS-Karten GmbH
Karl-Kapferer-Straße 5
A-6020 Innsbruck
www.kompass.de

1. Auflage 2024 (24.01)
Verlagsnummer 3822
ISBN 978-3-99154-043-4

Text und Fotos (soweit nicht anders angegeben): Sven Hähle

Titelbild: Hotel Schloss Ulrichshusen mit Ulrichshuser See © David Brown – stock.adobe.com

Gestaltung / Illustration – Composing / Agenten und Freunde Iris Streck München
Illustrationen: AdobeStock: © Azar– stock.adobe.com, © askaja– stock.adobe.com, © mtmmarek– stock.adobe.com, © svetazi– stock.adobe.com, © val_iva– stock.adobe.com; creativmarket: © amber&ink, © NassyArt,

Miniaturen auf Karten: @ val_iva – stock.adobe.com (Schilfgras, Vögel, Schilf), © LiaRey – stock.adobe.com (Torte)
Grafische Herstellung: KOMPASS-Karten

Karten: © KOMPASS-Karten GmbH unter Verwendung OpenStreetMap Contributors (www.openstreetmap.org)

MIX
Papier | Fördert
gute Waldnutzung
FSC® C106600

BIKE-BUCKETLIST

DEUTSCHLANDS GRÖSSTEN SEE UMRUNDEN

Im Stadthafen Röbel an der Müritz ankommen und den Abend in der hübschen Stadt genießen

Tour 19 // **Seite 180**

FONTANES STECHLIN ENTDECKEN

Nach einem Bad in der Fischerei am Stechlinsee einkehren und die geräucherten Maränen probieren

Tour 7 // **Seite 56**

TOUR 3

FISCHADLERN BEIM BRÜTEN ZUSEHEN

Am Fischadler-Sichtschirm oder mittels Live-Kamera in der Nationalpark-Information Federow Ausschau halten

Tour 20 // **Seite 194**

EINEN SPAZIERGANG MACHEN

Vom Markplatz Krakow am See an der Seepromenade zum Aussichtsturm auf der Halbinsel Lehmwerder spazieren

Tour 3 // **Seite 24**

AUF LUISES SPUREN WANDELN

Bei einem Spaziergang durch den Park von Schloss Hohenzieritz Preußens liebste Königin kennenlernen

Tour 14 // **Seite 226**

UNTER DEN MEERES-SPIEGEL RADELN

Die Große Rosin ist ein Paradies für Wasservögel – im Restaurant Aalbude kannst du gut speisen!

Tour 13 // **Seite 116**